O Psiquismo Experimental

O Psiquismo Experimental

ESTUDO

DOS

Fenômenos Psíquicos

POR

ALFRED ERNY

FEDERAÇÃO ESPÍRITA BRASILEIRA
DEPARTAMENTO EDITORIAL E GRÁFICO
Rua Souza Valente, 17
20941-040 — Rio-RJ — Brasil

ISBN 978-85-7328-501-7

85-7328-501-X

NRBN

5ª edição – *21º milheiro*

5,7-AA; 000.1-O; 12/2006

Capa de CECCONI

Reprodução fotomecânica e impressão offset:
Departamento Editorial e Gráfico – Rua Souza Valente, 17
20941-040 – Rio de Janeiro (RJ) – Brasil
CNPJ nº 33.644.857/0002-84 *I.E. nº 81.600.503*

Pedidos de livros à FEB – Departamento Editorial:
Tel.: (21) 2187-8282, FAX: (21) 2187-8298.

CIP-BRASIL. CATALOGAÇÃO-NA-FONTE
SINDICATO NACIONAL DOS EDITORES DE LIVROS, RJ.

E67p
5. ed.

Erny, Alfred, -1903
O psiquismo experimental: estudo dos fenômenos psíquicos / por Alfred Erny. – 5. ed. – Rio de Janeiro: Federação, 2006
232p.: il.; 18cm

Tradução de: Le psychisme experimental: étude des phénomènes psychiques
Apêndice
ISBN 978-85-7328-501-7
85-7328-501-X

1. Mediunidade. 2. Espiritismo. I. Federação Espírita Brasileira. II. Título.

06-4334. CDD 133.91
CDU 133.7

28.11.06 30.11.06 017138

Índice

PREFÁCIO

Dedico este livro ao meu confrade e amigo Victorien Sardou, cuja simpática aprovação me assistiu no decurso deste longo e penoso trabalho.

Como William Crookes, o ilustre químico inglês, e como o nosso velho amigo Eugênio Nus, Sardou nunca mudou de convicções, a despeito dos fáceis gracejos que espíritos malignos julgavam dever atirar-lhe.

Afortunadamente os tempos mudaram, e bem longe vai o momento em que Eugênio Nus publicava a sua obra intitulada: "Coisas do outro Mundo". Então, era preciso coragem para escrever um livro sobre fenômenos que o mundo científico olhava com desdém e que o público ridiculizava ou reputava uma hábil prestidigitação.

Atualmente o movimento psíquico se acentua todos os dias, como de uma feita me dizia Sardou: "Cessou a indiferença, e, quando mesmo a esse ponto ainda não houvéssemos chegado, não se vos poderia recusar o mérito de haverdes, com alguns outros, contribuído para semelhante resultado."

De fato, em toda a parte essas questões importantes e complexas estão na ordem do dia.

Muitos sábios, outrora cépticos, têm sido forçados a render-se à realidade dos fatos, e de ano em ano aumenta o número dessas adesões. "Dentro em pouco — dizia um célebre professor inglês — sòmente os ignorantes negarão esses fenômenos".

Era esse justamente o pensamento de Sardou, que assim me escrevia em 1892:

"Não repugna aos incrédulos e aos ignorantes emitir, ao acaso, para pôr fim a discussões que lhes não agradam, asserções sem valor, que o vulgo acolhe sem exame e repete complacentemente, dando-se por feliz em escapar, por essa forma, à obrigação de observar e de criar uma opinião baseada em experiências sérias".

Graças a experiências dessa natureza é que, na Europa e na América, tantos homens de ciência e tantos professores têm podido formar uma opinião e afirmá-la ousadamente, como se verá no capítulo primeiro deste livro.

Para esta obra precisei compulsar e traduzir mais de trezentos artigos ou volumes publicados na Inglaterra, na América e na Alemanha.

Era um trabalho enorme e dos mais difíceis; mas segui o exemplo do finado Eugênio Nus, que assim me escrevia em 1892:

"Muitos anos há que vivo a esmiuçar coisas ingratas, certo de que daí não tirarei honra ou proveito, mas sem lamentar um minuto sequer desse tempo. Fazei como eu: só em vós mesmos procurai a satisfação dos vossos trabalhos. Tudo mais é subjetivo, pura ilusão: "maya", como dizem os Indus".

Terminando, agradeço pùblicamente — a Victorien Sardou — a aceitação da dedicatória deste livro, e a William Crookes e A. Russell Wallace, os dois grandes sábios ingleses, a permissão que me concederam de publicar as suas importantíssimas cartas particulares.

21 de Dezembro 1894.

ALFRED ERNY.

INTRODUÇÃO

O Materialismo está em plena decadência. Triunfante em todo o decurso do século XIX, ele se desmorona lentamente, de um modo irrevogável.

Debalde os campeões dessa estreita doutrina ainda expõem as suas concepções pessimistas: já ninguém com elas se ilude.

Frios nos deixa a Filosofia, e a própria Metafísica já pouco poder tem sobre nós.

O que queremos atualmente são fatos e não teorias. De quinze anos para cá o impulso do Espiritualismo tem sido tão grande, que acabará por vencer todas as resistências, pois esse movimento é vertiginoso, como tudo nos nossos dias.

Vou fazer um breve resumo das origens do que chamarei psiquismo experimental, a fim de poder depois estudar a fundo os fenômenos de mais elevada natureza.

De 1850 a 1890, muitos sábios americanos, ingleses, alemães, russos, italianos, etc., iniciaram a marcha, afrontando cheios de coragem todas as suas vicissitudes. Outros, melhor aparelhados para a luta, seguiram aquele exemplo fecundo, atirando-se audazmente ao trabalho, e o seu número vai aumentando à proporção que o tempo passa.

Infelizmente para a França, quase todos os seus

sábios têm sido vítimas da epidemia materialista, que tamanhas assolações causou nos séculos XVIII e XIX.

"Os nossos sábios — escrevia Yveling Rambaud, em 1886 — não valem menos que os dos outros países; porém não se acham familiarizados com vários fenômenos que a antiguidade conhecia perfeitamente."

O receio de ser alvejado pelo ridículo paralisa os mais corajosos e os mais empreendedores. Alguns temem também perder ou comprometer uma situação laboriosamente adquirida ou penosamente conquistada; a outros desgosta demolir teorias seculares, como se elas fôssem velhas casas imprestáveis.

Finalmente, a filosofia materialista e céptica, que há muito tempo constitui o ensino científico, é uma das principais causas desse retardamento no estudo dos fenômenos psíquicos.

Ao passo que, há um século, sob o impulso dos sábios, a ciência física tem dado passos gigantescos, a ciência psíquica se tem conservado letra morta para a maior parte deles.

"Há duzentos anos — dizia um sacerdote budista do Tibet a um doutor inglês — estudais a matéria sob todas as suas formas; nós, há mais de dez mil anos, estudamos a alma e as suas faculdades."

Nos Estados Unidos, na Alemanha, na Inglaterra, na Rússia, etc., os sábios não temem o ridículo, antes o desprezam completamente.

Aqueles que fria e metòdicamente se têm ocupado dos fenômenos psíquicos é que me prestaram justamente a maior soma de auxílios. A princípio absolutamente incrédulos, todos eles se viram forçados a render-se à evidência. Nesses diversos países houve alguns recalcitrantes; mas a exceção confirma a regra. Ver-se-á, pela lista que hei-de apresentar, que ela não se compõe de nomes sem significação.

Na França, na Inglaterra e na América, muitos doutores perderam uma boa ocasião de francamente confessarem suas opiniões. Sirva-lhes de consolação a lembrança de que Galileu escapou de ser queimado e Fulton foi preso como doido.

Em geral, é essa a sorte daqueles que se adiantam à sua época e não se curvam às opiniões correntes. Colocados na vanguarda, são os batedores que recebem os primeiros golpes.

Depois que se estudaram certos fenômenos psíquicos que oferecem os hipnotizados, o aspecto das coisas mudou; pouco a pouco se tornará indispensável estudar os fenômenos outrora qualificados de espíritas, e que, mudando de nome, se tornarão finalmente científicos.

Amparou-me neste árido trabalho a viva animação de muitos espiritualistas, inclusive V. Sardou e E. Nus. Em 1892 escrevia-me este último: "Pensai apenas na utilidade do vosso trabalho. Não cuideis do mal que ele vos pode causar."

Certamente pensei também em todo o mal que poderiam dizer do meu livro; mas pouco importa o ridículo, desde que eu consiga atingir o meu fim.

Foi meu intento reunir um grande número de fatos estudados e verificados por sábios e experimentadores acima de qualquer suspeita, e depois apresentá-los em toda a sua evidência.

Por extraordinários que sejam os fenômenos que vou estudar, nem por isso são menos dignos de interesse, pois muitas vezes a verdade parece inverossímil. Apesar da absoluta má vontade dos homens de ciência, que afetam desdenhar desses fatos, não é possível negá-los, e cada vez mais pueril se torna a obstinação em rir dos fenômenos psíquicos.

Espero que as experiências por mim citadas pouca dúvida deixarão às pessoas de boa fé, porque afastei cuidadosamente tudo quanto me pareceu baldo de solidez.

Quanto aos ignorantes ou aos incrédulos obstinados, eles são incorrigíveis, e perdido seria o tempo que se gastasse em procurar convencê-los.

Eles negarão mesmo o que os maiores sábios afirmarem. Como S. Tomé, todos eles querem "ver e tocar". Foi, sem dúvida, dessa categoria de indivíduos que disse Maquiavel: "Há três espécies de cérebros:

os primeiros são os que, por si mesmos, compreendem a razão de ser das coisas; os segundos são os que reconhecem a verdade, quando demonstrada por outros; os últimos são os que são incapazes de compreender; naturalmente estes formam a maioria."

O inconveniente desses fenômenos é a dificuldade de observá-los pelos processos chamados científicos.

Quando se pede a certos sábios que façam experiências, eles estabelecem logo condições, ignorando entretanto:

1.º — quais são também as condições em que se pode produzir o fenômeno;

2.º — porque o fluido psíquico atua em um caso e em outros não;

3.º — enfim, porque os fenômenos são contrariados ou anulados, quer pelo estado da atmosfera, quer pelo dos médiuns ou das pessoas presentes.

Como se ignoram em parte as leis que regem esses fenômenos, é impossível estudá-los em condições fixas ou preestabelecidas.

Possuindo cada corpo humano uma quantidade maior ou menor de fluidos, estes últimos podem muitas vezes neutralizar-se mùtuamente, resultando daí novas dificuldades para o observador.

O que, durante muito tempo, prejudicou e sempre prejudicará o estudo desses fenômenos, são as fraudes de alguns médiuns.

Mas que tem isso de extraordinário? Tudo se falsifica, inclusive o diamante e a letra bancária. E porventura isso destrói o valor do verdadeiro diamante e da letra bancária? Tudo pode ser falsificado, e as falsificações são os piores inimigos da verdade.

Os falsos médiuns julgaram proveitoso explorar esse novo terreno. Na América e na Inglaterra, certos indivíduos muito práticos assenhorearam-se dessa indústria e dela tiraram belos proventos. A ambição do lucro, o amor ao dinheiro constituíram sempre poderosos incentivos ao dolo.

Alguns sábios, afeitos à observação dos hospitais e dos hospícios de alienados, imaginam que os médiuns são histéricos ou doentes. Puro engano! A verdade é que a mediunidade é um dom. A organização do médium é diferente da dos mais; ele tem percepções psíquicas mui especiais e delicadas, é duma extrema sensibilidade; porém, abusando dessas qualidades, o seu estado geral se ressentirá do excesso, de um modo extremamente notável.

A força psíquica se esgota, como a força vital; mas, desde que um médium se acha doente, cessam os fenômenos, e só reaparecem quando ele se restabelece.

Depois de frequentes sessões, um médium pago tem esgotadas as suas forças... psíquicas; e, se os fenômenos não se produzem (o que o médium sabe perfeitamente que não depende de si), ele, como, apesar de tudo, é preciso viver, *recorre a artifícios que cedo ou tarde serão descobertos e o arruinarão completamente, qualquer que tenha sido a boa fé de que haja usado em experiências anteriores.*

Quanto a mim, prefiro os médiuns que não recebem paga: só esses oferecem garantias certas contra a fraude, pois nenhum interesse pode levá-los a enganar. Infelizmente, esses médiuns não se acham ao alcance de todo o mundo; porém, aqueles que desejam investigar os fenômenos, bem depressa chegam a conhecer os sensitivos dessa natureza.

Sobre os fenômenos chamados espíritas, que melhor é denominar psíquicos, porque nem sempre intervêm neles os Espíritos, pesa ainda a desconsideração que por muito tempo oprimiu o magnetismo.

Do mesmo modo que o magnetismo foi batizado de hipnotismo, o que em França se chama espiritismo, *e na América e na Inglaterra* (1) *espiritualismo, aca-*

---

(1) Um fato curioso: na Inglaterra, algumas pessoas, desgostosas da credulidade excessiva de certos espiritualistas, adotaram de preferência o nome de **espiritismo.** Em França, o mesmo esforço se produziu em sentido contrário, e os independentes adotam o nome de **espiritualismo.**

bará por denominar-se psiquismo, *e será um dia para o Espiritismo o que é a Química para a Alquimia.*

A despeito dos numerosos fatos estudados e observados no mundo inteiro, a escola materialista se obstina em negar esses fatos, principalmente porque eles destroem a maior parte das suas teorias fisiológicas. As gerações futuras hão-de pasmar da obstinação de certos sábios, e no próximo século as teorias materialistas parecerão tão ridículas como as de Faraday e de Jobert de Lamballe sobre as pancadas provenientes de força psíquica.

Há cem anos, toda a nossa educação, todas as nossas ideias afastavam quase todo o mundo do estudo desses fenômenos. A rotina é muito fácil de seguir, e os preconceitos são difíceis de vencer.

Sei perfeitamente que alguns doutores e professores se ocupam com essas questões, mas suspeito muito dos seus preconceitos de escola.

Tão enraizada se acha a sua educação materialista e tão refratários são às novidades o seu meio científico, que bem difícil lhes será afrontar de viseira erguida a velha rotina e as chapas *decrépitas.*

Li o seguinte em um livro dos Srs. Binet e Féré acerca do magnetismo:

"O estudo das paralisias por sugestão abre à Psicologia horizontes inteiramente novos; esses fatos desorientam os psicólogos e escapam a todas as leis mentais por eles estabelecidas, porque não se acham compreendidos no quadro estreito de suas classificações."

O mesmo se pode dizer dos fenômenos psíquicos: eles rasgam horizontes inteiramente novos e escapam a todas as leis estabelecidas pela ciência materialista, porque não os comporta o quadro estreito de suas classificações.

No meu estudo psíquico procurei ser imparcial, guardando o meio termo entre a credulidade excessiva de alguns espiritualistas e a incredulidade ainda mais exagerada dos materialistas e positivistas, que não vêem além... do seu corpo.

PRIMEIRA PARTE

O PSIQUISMO VULGAR

CAPÍTULO I

OS FENÔMENOS PSÍQUICOS

Compreende o estudo dos fenômenos psíquicos uma série de fatos que parecem estranhos e sobrenaturais, quando se ignoram as leis que os regem. Podemos grupá-los em cinco categorias:

1.° — Os fenômenos de *tiptologia* ou pancadas psíquicas respondendo inteligentemente a perguntas;
2.° — Os fenômenos de transportes, levitações e movimentos de objetos sem contacto;
3.° — A escrita automática e a escrita direta;
4.° — A *psicometria,* fenômenos dum gênero inteiramente novo e com algumas relações com a telepatia e com o sonambulismo;
5.° — A *teleplastia* ou aparições de formas materializadas e tangíveis: fenômenos ainda pouco conhecidos em França e de caráter muito complexo.

Não me ocuparei com os fenômenos de sonambulismo e de hipnotismo, pois eles são estudados diàriamente por duas escolas rivais, cujas conclusões são um pouco divergentes.

Resumamos ràpidamente as experiências antigas.

De 1851 a 1854, um químico de Filadélfia, o professor Robert Hare, estudou os fenômenos psíquicos em condições rigorosas de observação científica. Usou de instrumentos especiais que imaginara para provar que a força posta em jogo era ùnicamente a das pessoas presentes às experiências. O resultado foi, porém, o contrário do que ele desejava.

R. Hare era, nessa época, extremamente céptico, e, apesar disso, se viu obrigado a constatar que esses fenômenos eram dirigidos por inteligências sobre cuja natureza não concordam as opiniões.

R. Hare apenas fêz experiências com médiuns privados, o que era uma grande vantagem. "Nas condições em que fiz as minhas experiências — diz ele — seria impossível a um médium, por sua vontade ou por sua força muscular, mover corpos pesados ou agir sobre o indicador colocado no disco do meu aparelho. A única explicação que posso dar desses fenômenos é que a inteligência presente pode, pela volição, privar os corpos inertes da força de inércia e movê-los pela vontade."

A propósito das pancadas psíquicas que se produzem sem contacto, Robert Hare observa também que esse é o meio empregado pelos desencarnados para manifestarem sua presença.

Esse meio se assemelha ao que empregaria uma pessoa para atrair à noite a vossa atenção: bater à porta. Desde que ela perceba que a ouviram, deixará de bater.

Vinte anos depois de R. Hare, de 1870 a 1874, William Crookes, químico célebre por suas descobertas (entre outras o tálio e a matéria radiante), fêz também experiências em aparelhos especiais.

Recomendo instantemente a leitura do seu livro *Recherches sur le Spiritualisme* (2) àqueles que porventura ainda não o tenham lido.

Em 1889, depois de longo silêncio, Crookes decidiu-se a publicar (nos boletins de *Society for Psychical Researches*, de Londres) diversas experiências que confirmam as que ele outrora publicara.

"São — diz ele — constatações exatas de fatos que julgo ainda do maior interesse para a Ciência. Seja como for, publicando-as, mostrarei que não mudei de opinião, e que, revendo com calma as experiências que fiz há perto de vinte anos, nada tenho a retratar e a modificar.

"Sabendo perfeitamente que diversos médiuns têm sido apanhados em flagrante delito de fraude, eu estava prevenido com D. Home (célebre médium). Entretanto devo reconhecer que nunca pude descobrir qualquer espécie de artifício (3). A realidade e a força dos fenômenos, em minha presença obtidos por Home, parecem-me antes fortalecidos que enfraquecidos pelas polêmicas relativas aos prestidigitadores e às diversas fraudes de médiuns que têm sido descobertos depois das minhas experiências. O resultado dessas discussões é transformar vagas possibilidades de ilusão ou de erro, em verdades precisas. Os fenômenos produzidos por Home diferem completamente da categoria das chamadas maravilhas, que se podem obter por meio de móveis, molas ou habilidades de escamoteação.

De acordo com os meus estudos científicos, posso afirmar que nenhuma razão existe para negar *a priori* a realidade dos fenômenos que descrevi. Os que pretendem que atualmente conhecemos todas as forças físicas do Universo, ou mesmo a maior parte dessas forças, mostram uma estreiteza de

---

(2) As principais experiências de Crookes estão relatadas na obra de Delanne: "O Fenômeno Espírita".

(3) Sirva isto de aviso aos que entenderem chamar a D. Home hábil prestidigitador.

vistas que não deveria existir mais num século em que o acréscimo incessante dos nossos conhecimentos diàriamente faz sobressair o círculo imenso da nossa ignorância sobre tantas coisas."

Como se vê, nada mais preciso que as novas afirmações de W. Crookes a respeito das suas opiniões que maravilharam o mundo científico, de 1870 a 1874.

Ele acredita ainda naquilo em que acreditava então. A sua carta a Paul Marin, publicada na *Iniciação* (1892), constitui ainda uma prova disso. Demais, Crookes dignou-se dirigir-me uma carta importantíssima, que se encontrará no capítulo das materializações.

Prestaram verdadeiro serviço aos espiritualistas aqueles que pretenderam explicar os fenômenos psíquicos por meio da prestidigitação. Só as pessoas de preconceitos enraizados podem enganar-se ainda a esse respeito, e fingir que não vêem as diferenças intrínsecas e radicais que existem entre o fenômeno real e o imitado.

As 11 sessões que W. Crookes se decidiu publicar em 1889 diferem pouco das que se encontram no livro de que falei. Elas se realizaram em casa de Crookes ou de miss Dunglas, amiga de sua família. Em todas, Home serviu de médium.

Entre as principais experiências, pode-se citar o aumento ou diminuição, à vontade, do peso de uma mesa.

Em uma das sessões, a Sra. de W. Crookes tirou o seu colar de coral e colocou-o sobre uma mesa. Um instante depois o colar moveu-se, erguendo-se em espiral.

Várias vezes, Crookes e seus amigos viram mãos luminosas.

Na sessão de 22 de Maio 1871, Crookes, constata que ele e sua mulher sentiram uma pesada mão apoiar-se sucessivamente em seus joelhos *(As mãos de Home se achavam sobre a mesa, e a sala estava iluminada; toda fraude era pois impossível).*

Alguns minutos depois a mesa se ergueu várias vezes, e no mesmo momento diversas pessoas, com o auxílio duma vela, examinaram as mãos e os pés de Home, enquanto a mesa se elevava, e constataram que os três pés da mesa se achavam no ar.

Quando terminaram as experiências, vimos — continua Crookes — um pequeno sofá mover-se de repente e ficar a 6 polegadas de distância de miss Dunglas. A cadeira desta começou a mover-se, ficando depois como que pregada ao soalho. Crookes tentou movê-la, porém ela resistiu a todos os esforços.

Em 1892, houve em Milão sessões célebres, em que os mesmos fenômenos se reproduziram.

Nove sábios experimentaram com uma médium italiana, Eusápia Paladino, e os resultados obtidos desorientaram do modo mais completo o mundo científico. O fenômeno de levitação de uma mesa se produziu como na casa de Crookes e, circunstância ainda mais convincente, *pôde-se fotografar a mesa no momento em que ela ficou no ar por alguns segundos*. Numa das fotografias vê-se o Dr. Ch. Richet, que segura uma das mãos, os joelhos e um pé da médium, de quem o professor Lombroso segura a outra mão.

Duma feita, observou-se que a mais pesada das cadeiras (10 k.), que se achava a 1 metro da mesa e por detrás da médium, se aproximou do Sr. Schiaparelli (4), que se ergueu para recolocá-la no seu lugar; mas, apenas ele se sentara de novo, a cadeira recomeçou a mover-se na sua direção. Convém notar a analogia desses fenômenos com os obtidos na casa de miss Dunglas. E' o que se chama *"movimentos de objetos sem contacto."*

---

(4) Os sábios presentes em Milão eram: o astrônomo Schiaparelli, os professores Brofferio e Gerosa, os doutores Ermacora e Finzi, Aksakof (conselheiro de estado da Rússia), o doutor Carl du Prel, de Munique, os doutores Charles Richet e César Lombroso.

Quando uma mesa se ergue no ar ou acontece o mesmo a um médium, tem-se o fenômeno da *levitação*. A mais curiosa explicação desses fenômenos é dada pelos *ióguis* da Índia. Segundo eles, a levitação depende da diferença entre as polaridades elétricas ou magnéticas e o corpo humano que tem uma polaridade diferente da da Terra, de sorte que elas se podem anular em certos casos.

Isto quer dizer que, se a Terra e o corpo chegam ao mesmo estado de polaridade, o corpo fica em estado de elevar-se na atmosfera.

Em todos os casos, o que parece certo é que a força psíquica muitas vezes anula ou neutraliza a lei da gravitação. Um testemunho não menos curioso é o do abade de Meissas, doutor em teologia. Eis o que dizia ele em um artigo no *Figaro*:

"À minha vista ergueram-se mesas, quando todas as mãos se haviam afastado delas.

"Vi uma avançar repentinamente pelo menos 25 centímetros, sem contacto de espécie alguma. As condições da experiência excluíam qualquer possibilidade de fraude.

"Aliás, esses fatos são atestados por tantas pessoas sérias e dotadas de espírito crítico, que os considero como absolutamente demonstrados. A ciência oficial nega esses fatos, o que a dispensa de os explicar. Voltemo-nos, pois, para a ciência dos investigadores, ciência da vanguarda, cuja missão é transpor de século a século, no caminho do progresso, as barricadas da ciência oficial.

"E os fenômenos psíquicos? Bastará, para explicá-los, o estudo das forças magnéticas?

"A mesa que fala (por pancadas) serve evidentemente de órgão a uma inteligência.

"Que inteligência é essa? Grande problema, cuja solução fornecerá, garanto-vos, luzes inesperadas à fisiologia e à psicologia.

"Alguns têm dito: é um demônio que fala. Se preciso fôsse, eu mostraria a fraqueza do raciocínio que os leva a essa conclusão. Não, não é preciso ir procurar tão longe. Considero como muito mais provável que, pelo menos nos casos ordinários, entrem em jogo apenas o espírito do médium e os dos assistentes. Apenas a mesa serve de órgão a um fenômeno psíquico que se opera num dos assistentes."

Mesmo *nos casos ordinários,* a teoria do abade de Meissas (sugerida por Eugenio Nus, há muito tempo) está em completa contradição com os experimentadores que hei-de citar, inclusive R. Hare, W. Crookes, C. Varley, Stainton Moses, F. H. Myers, E. Cowes, Hellenbach, Aksakof, Brofferio, etc. Diferem as opiniões destes últimos sobre a qualidade real dessas inteligências que se manifestam, mas todas reconhecem que elas são exteriores ao ser humano.

Com mais forte razão deve-se reconhecer isso nos *casos extraordinários,* como os da escrita automática ou direta, dos transportes, das materializações, etc.; mas, diz o abade, que desses nunca viu um só, o que apenas prova que ele nunca viu trabalhar um poderoso médium.

A esse respeito, o abade de Meissas — estou certo — sabe muito mais do que disse; mas o que ele escreveu já denota alguma coragem, sobretudo na sua posição, e não seria conveniente exigir-lhe mais.

O Sr. Lemerle, antigo aluno da Escola Politécnica, publica na *Iniciação,* de Março 1893, uma série de experiências que corroboram inteiramente as que acabo de citar. Em pleno dia, uma jardineira muito pesada, de carvalho maciço, elevou-se a 7 ou 8 centímetros do solo, achando-se as mãos do médium a 10 centímetros acima dela.

Uma mesa foi atirada violentamente para cima. Movimentos de pequenos objetos, sem contacto, foram — diz Lemerle — observados nas mesmas excelentes condições. Não houve contacto de espécie alguma, nem das mãos, nem do corpo, nem das pernas, nem dos pés do médium.

O engenheiro eletricista Cromwell Carley, que teve a iniciativa do cabo transatlântico, fêz experiências do mesmo gênero.

"Vi muitas vezes — diz ele — mover-se uma mesa quando ninguém a tocava, e ainda mais vezes vi mesas e outros objetos elevarem-se do solo.

"A maior parte dessas experiências foram observadas em pleno dia ou em plena luz.

"Temos, acrescenta ele, provas esmagadoras desses fenômenos, e seria pueril negá-los."

Um romancista inglês, Hamilton Aïdé, teve com D. Home uma sessão particular, a que assistiu Alphonse Karr (homem muito espirituoso, diz Aïdé, porém dos mais obstinados e dos mais cépticos de França). A sessão se realizou nos arredores de Nice em um chalé cuja sala estava brilhantemente iluminada.

Uma grande lâmpada repousava sobre uma mesa tão pesada que Aïde mal pôde erguê-la ligeiramente com as duas mãos. O que mais surpreendeu Aïdé e os outros assistentes, muito cépticos na sua maior parte, foi verem pesada poltrona, colocada numa extremidade do salão, começar a mover-se circularmente, seguida por outro móvel.

Depois, a grande mesa ergueu-se a três ou quatro pés do soalho. *Alphonse Karr colocou-se sob a mesa, e, depois de ter ele examinado tudo com cuidado, esta desceu vagarosamente.*

Aïdé confessa que ele e seus companheiros ficaram inteiramente confundidos, pois era materialmente impossível produzir por fraude aquele resultado. Alphonse Karr, que no dia seguinte foi visitar o romancista inglês, confessou-lhe que estava inteiramente desorientado, e parecia muito contrafeito por se ver forçado a reconhecer o fato.

Para Aïdé, que era tão céptico como a maior parte dos assistentes, esse problema permaneceu como questão insolúvel.

O Dr. Ochorowicz, tão célebre pelo seu livro sobre a *Sugestão Mental,* teve também sessões particulares com Eusápia Paladino. Essas sessões se realizaram em Roma, na casa do pintor Siamiradski (amigo do doutor) e foram ainda mais surpreendentes que as de Milão. A notícia delas foi publicada em um jornal de Varsóvia pelo Dr. Ochorowicz, que atribui grande importância a todos esses fenômenos, cuja realidade garante. Ele crê numa renascença da Ciência e está firmemente convencido de *que o homem não acaba na superfície do seu corpo.*

O Dr. Hans Bartle relatou no "Berliner Tagleblatt", de 21 de Dezembro 1891, as suas duas sessões particulares com Eusápia, em plena luz.

A médium tinha as mãos presas, e os seus pés eram retidos pelos dos Srs. Fiori e Hirsch. Apesar de tudo, produziram-se os mais estranhos fenômenos, que maravilharam o doutor.

Um professor espanhol, Manuel Otero Acevedo, realizou, em 1890, em Nápoles, várias sessões com a mesma médium. Achavam-se presentes os professores Cintus e Camano, além de um literato. As sessões foram efetuadas num quarto da casa habitada pelo espanhol, o qual estava certo de que nada fora adrede preparado. Seguros os pés e as mãos da médium, esta caiu logo em letargia; depois se ergueu no ar, de modo que foi possível passar a mão entre seus pés e o soalho. Tendo sido depois colocada em posição horizontal, um travesseiro, sem contacto de mão humana, foi repentinamente colocar-se-lhe sob a cabeça. O professor cobriu com seu lenço um vaso cheio de argila, e conjurou as inteligências invisíveis a produzirem na argila a impressão de três dedos. Com espanto seu, foi obtido o resultado que se desejava, e o professor deixou Nápoles convencido da realidade dos fenômenos.

Para dar uma ideia dos movimentos de objetos sem contacto, não conheço nada mais sugestivo que a narração do Conde de Larnandie, relativa a fenômenos que se produziram no castelo de la Sudrie (propriedade de sua família.)

Esses fatos foram presenciados por catorze pessoas, pertencentes à família do Conde e pela sua criadagem. Viu-se, entre outras coisas, um pedaço de madeira, que estava no canto dum quarto, vir cair aos pés do Conde e de sua irmã, depois de haver batido no teto. Várias vezes o mesmo objeto saltou e foi chocar-se contra a porta, o soalho e as paredes.

A irmã do Conde, atemorizada, recorreu às orações e à água benta, o que não impediu que o pedaço de madeira continuasse suas evoluções.

Depois, pequena campainha, que não funcionava e se achava desprovida de martelo, começou a tocar, vindo em seguida cair no soalho.

O pai do Conde, que o tratara como a um farsista, veiu na tarde seguinte, com toda a família, à sala assombrada. No fim de alguns instantes, os mesmos fenômenos se renovaram, ainda mais intensamente que na véspera.

Pouco a pouco os fenômenos chegaram a produzir-se em pleno dia, o que tornou a observação mais fácil e a verificação mais clara aos olhos dos incrédulos.

Em 1870, os fenômenos recomeçaram com um caráter ainda mais estranho.

Um pedaço de cera, que se achava no patamar da escada, rolou ruidosamente de cima abaixo. Quando o Conde e sua irmã se dirigiam aos aposentos assombrados, eram precedidos por uma chuva de pedras que não podiam vir dos tetos, os quais se achavam em perfeito estado de conservação.

"O que dá valor às minhas afirmações, diz o Conde, — são as fontes imediatas das minhas verídicas narrações." De fato, pode-se ter perfeita confiança na sinceridade do Conde.

Seria, aliás, simplesmente infantil imaginar que, por espaço de três meses, catorze pessoas tivessem estado alucinadas, volvendo depois inteiramente ao seu estado normal.

Para terminar este capítulo, reproduzirei alguns testemunhos de sábios, professores e doutores de todos os países. Todos eles, após uma fase de maior ou menor cepticismo, acabaram rendendo-se à evidência.

Muitas vezes se afirma que não se contam pessoas instruídas ou homens de ciência entre aqueles que atestam a realidade dos fenômenos psíquicos. Isso é verdade quando se trata simplesmente das pessoas instruídas que pertencem à escola materialista. O mesmo não se dá, porém, quanto àquelas que se filiam a outros credos.

Todos aqueles que passo a citar declaram-se, depois de investigações pessoais, perfeitamente certos da realidade desses fenômenos. Nem todos se dizem espiritualistas, porém todos afirmaram a verdade desses fatos.

Na Inglaterra podemos citar os professores Morgan, W. Gregory, os Drs. Robert Chambers,, Lockhart, Robertson, o professor Oliver Lodge (da Sociedade Real de Londres (5). Eis o que diz este último: "A barreira que separa os dois mundos (espiritual e material) pode desmoronar-se gradualmente, como muitas outras barreiras, e assim chegaremos a uma percepção mais elevada da unidade da Natureza. As coisas possíveis no Universo são tão ilimitadas como o próprio Universo. O que sabemos nada é, comparado com o que nos falta saber. Se nos contentarmos com o meio terreno conquistado atualmente, trairemos os direitos mais elevados da Ciência."

Diz também o prof. W. O. Barret, de Dublin (ex-presidente da Sociedade das Pesquisas Psíquicas de Londres): "Receio que os fenômenos espiritualistas (ou psíquicos) não possam ser demonstrados pelos simples métodos físicos de investiga-

---

(5) Academia das Ciências.

ção, mas não está longe o dia em que eles serão aceitos como parte integrante do mundo duplo de matéria e inteligência em que vivemos.

Neste caso, o pensamento humano terá progredido de um modo extraordinário, e a deplorável disposição de espírito materialista, que reina em nossos dias, será substituída por uma atitude menos orgulhosa em relação às coisas do infinito."

M. Chalis (professor de Astronomia em Cambridge), Alfred Russell Wallace (êmulo de Darwin), William Crookes (um dos químicos e sábios mais célebres de Inglaterra), F. H. Myers (um dos mais brilhantes professores de Cambridge).

Na Alemanha, na Aústria, os filósofos e escritores: J. A. Fichte, Barão de Hellenbach, professor Zöllner, Dr. Carl du Prel (de Munique), doutor Ciriax.

Na Suíça, o professor Perty (de Berna).

Na Suécia, os Drs. Tarnebœm et Eslanel (da Universidade de Estocolmo).

Eis o que dizem eles: "Só aqueles que não examinaram os fenômenos psíquicos se atrevem a negá-los, mas só um profundo estudo pode explicá-los. Não sabemos até onde nos pode levar a causa dessas manifestações, às vezes vulgares, nem tão-pouco de que esferas da Natureza ela nos pode abrir o caminho; mas parece decorrer da história de todos os tempos que ela nos deve conduzir a resultados importantes."

Na Rússia, Aksakof, o prof. Boutlerow, Bodisco, o Dr. Ochorowicz. Este último fêz, numa nova revista polaca, uma confissão muito clara e que o honra pela sua franqueza: "Quando me lembro de que em certa época eu me admirava da coragem de W. Crookes em sustentar a realidade dos fenômenos mediúnicos, quando reflito, sobretudo, que li as suas obras com o sorriso estúpido que iluminava a fisionomia dos seus colegas ao simples enunciado dessas coisas, — coro de vergonha por mim mesmo e pelos outros."

Na Itália, todos os sábios italianos que assistiram às experiências de Milão, entre os quais C. Lombroso, que teve também a coragem de penitenciar-se nestes termos:

"Depois de ter visto repelidos por certos sábios fatos como os da transmissão do pensamento e da transposição da sensibilidade, a cuja constatação eu assistira, julguei que o meu cepticismo relativamente aos fenômenos espíritas era da mesma natureza que o de outros sábios pelos fenômenos hipnóticos.

"Estudemos, e preservemo-nos do erro que consiste em acreditar que todos os médiuns são falsificadores *e que sòmente nós somos sábios,* pois infelizmente essa pretensão nos poderia arrastar ao erro.

"A suspeição de fraude, que todos julgam sempre muito natural, sobretudo às almas vulgares, constitui a explicação mais simples, a mais cômoda para todos, e nos poupa o trabalho de pensar e estudar."

Devemos fazer justiça a Lombroso; mas as explicações que ele deu dos fenômenos têm o vício capital de nada absolutamente explicarem. Eis o que dizia a esse respeito *L'Eclair,* em Abril de 1892: "A excursão do Sr. Lombroso prova uma coragem e uma sinceridade louváveis, porém é absolutamente insuficiente. Como estamos longe de Crookes e de Rochas!"

Na América, eu poderia citar muitos nomes, mas apenas darei a opinião do reverendo Minot Savage (presidente da Sociedade de Pesquisas Psíquicas dos Estados Unidos):

"Afirmo que os diversos fenômenos por mim citados (no seu livro) são verdadeiros, e não simples resultado de artifícios e fraudes.

"Quando, dum modo indiscutível, os objetos se movem sem ação muscular e os instrumentos soam sem contacto, nenhuma explicação encontro para esses fatos que não seja a da influência invisível."

Na França, Camilo Flammarion, o Dr. Paul Gibier e muitos outros se têm abertamente declarado favoráveis à realidade dos fenômenos. O Dr. Dariex, que dirige com talento os *Annales Psychiques,* é mais reservado, assim como o Dr. Charles Richet, porque assim o exige a posição deles. O Sr. C. Richet reconhece a realidade dos fenômenos, mas diz o seguinte, depois de haver assistido às sessões de Milão: "Por mais absurdos que sejam as experiências feitas com Eusápia, parece-me impossível atribuir esses fenômenos a uma fraude consciente ou inconsciente, ou a uma série de fraudes." E' a demonstração por absurdo: *Credo quia absurdum.*

"O Sr. C. Richet — dizia E. Gautier, no *Figaro* — é talvez o único dos sábios tidos por tais (pelo menos em França) que ousam transpor o pórtico do mistério. Com efeito, no seu relatório sobre essas experiências, o Sr. Richet constata que não será essa a primeira vez que se achará em desacordo com a maioria, talvez mesmo com a quase unanimidade dos seus colegas." E', pois, natural que ele tenha sido prudente, para não ter contra si todos os seus excelentes colegas.

As pessoas que desconhecem esses fenômenos dizem muitas vezes que os médiuns são hábeis prestidigitadores. E', pois, conveniente dar as próprias confissões destes últimos, desprovidas de artifícios, as quais induzirão à reflexão aqueles que não tiverem muitos preconceitos enraizados.

Em 1877, Samuel Bellachini, célebre prestidigitador, fêz perante um tabelião a declaração seguinte, que assinou com testemunhas: "Levado pelo desejo de pessoas altamente colocadas, e no meu próprio interesse, estudei a mediunidade em pleno dia e à noite. Certifico que esses fenômenos foram por mim examinados com o maior cuidado e que neles nada encontrei que lembrasse, mesmo de longe, os passes de prestidigitação. Nas condições em que os observei, era impossível usar dos recursos desta arte."

O não menos célebre prestidigitador Jacob, escrevendo a um jornal em 1881, disse o seguinte: "Afirmo que os fenômenos mediúnicos são absolutamente verdadeiros e de ordem intelectual. Os Srs. Robin e Robert-Houdin, tentando imitar esses fatos, apenas conseguiram apresentar ao público pueris e grotescas imitações desses fenômenos; só os obtinados e os ignorantes podem pensar de outro modo" (6).

Em diversas capitais, certos prestidigitadores tentaram imitar esses fenômenos, mas seus resultados foram tão pueris como os assinalados pelo Sr. Jacob. Um deles, para exibir os seus pseudo-fenômenos numa casa particular, declarou que *precisava de dois grandes fardos com o peso de 4000 libras!*

A verdade é que um prestidigitador precisa de um teatro provido de maquinismos, ou pelo menos de aparelhos preparados, e mesmo de comparsas, enquanto o médium apenas entra com a sua pessoa e os seus dons psíquicos.

Demais, o prestidigitador nunca é mal sucedido em suas imitações de fenômenos, enquanto o médium ignora sempre se as manifestações se realizarão ou não.

Quanto aos prestidigitadores que ganham a vida exibindo suas habilidades mais ou menos engenhosas, são pessoas demasiado interesseiras para que possam dar uma opinião imparcial. Nas suas narrativas, apenas se encontram as banalidades

---

(6) Um célebre prestidigitador inglês, Sr. Kellar, escreveu o seguinte: "A respeito das manifestações a que assisti, declaro que não posso imaginar qual a força inteligente que age em tais casos, completamente extreme de artifícios e escamoteações. Depois de ter examinado estritamente e por todos os modos essas surpreendentes experiências, afirmo que nelas nada há que se assemelhe à prestidigitação, seja qual for a forma por que ela se apresente. As habilidades habituais aos prestidigitadores não podiam ser postas em prática no local em que nos achávamos (residência de Lont. W. B.).

correntes sobre os fatos psíquicos, porque, por necessidades do ofício, eles os confundem sempre com as suas escamoteações.

Antigamente, os sábios não indagavam se esses fatos eram do domínio natural, embora desconhecido; eles os condenavam como sobrenaturais ou os tratavam como coisas sem valor.

Atualmente, muitos sábios se ocupam com esses fenômenos e os estudam com cuidado. Aliás, os numerosos fatos recolhidos por mim formarão — julgo eu — um conjunto que levará a refletir, e sobretudo a indagar sem prevenções.

Disse Humprey Davy que "os fatos são mais úteis quando contradizem as teorias correntes do que quando as confirmam."

Esperemos que estas palavras sejam ouvidas e que os sábios materialistas não continuem a guiar-se pelas suas teorias.

Agora que estão conhecidas as opiniões dos sábios e das pessoas sérias, vou, para provocar riso, passar em revista os detratores.

CAPÍTULO II

PSICOLOGIA DOS INCRÉDULOS

Os cépticos

Ordinàriamente, os cépticos pertencem a duas categorias: ou são pessoas demasiado malignas, e que não ocultam essa qualidade; ou são indivíduos tão sábios que imaginam que nada está acima da ciência deles. Aferrados às suas teorias, não consentem em abandoná-las; a cavaleiro nas suas teses, desdenham descer dessas alturas, e majestosamente se revestem do que chamam ciência oficial.

Com eles perdem-se inùtilmente o tempo e a lógica; porque, a todas as provas que se lhes fornece, respondem: "E' impossível!"

Se uma notabilidade científica afirmar a um céptico ter visto em condições de rigorosa observação (estando o médium seguro pelos pés e pelos braços) uma cadeira ou qualquer outro objeto mover-se sem contacto, ele retorquirá incrédulo: "Tendes certeza de que vistes isso? Pois, se assim é, trazei-me o médium para que eu verifique por mim mesmo o fenômeno."

E' pretensão habitual do céptico ver sempre melhor que os mais.

Se concedido for o que ele pede, de duas uma: ou o fenômeno se produzirá, e ele explicaria simplesmente como uma alucinação; ou (o que muitas vezes acontece) o fenômeno não poderá reproduzir-se, e ele tratará o médium de charlatão.

Seja como for, o céptico apenas se convencerá de que pretenderam zombar dele, e é mesmo possível que conserve um secreto ressentimento contra aquele que pretendeu operá-lo da catarata materialista.

A este propósito, escreve Florence Marryat, escritora distinta, filha de conhecido capitão e romancista inglês:

Há duas categorias de pessoas cuja influência prejudicial relativamente ao espiritualismo tem sido incontestàvelmente maior que o auxílio que lhes têm prestado muitos homens de ciência: são os entusiastas e os cépticos. Os primeiros crêem em tudo o que vêem ou ouvem, sem se darem ao trabalho de obter provas da realidade dos fenômenos: vão de casa em casa referindo as suas experiências, de um modo tão ingênuo que parecem absurdas.

"Acreditam em tudo o que dizem os Espíritos, como se estes fôssem semi-deuses, em vez de serem, como na maioria dos casos, Espíritos de natureza menos elevada do que a nossa, e que não puderam erguer-se acima da esfera celeste."

E' a esta categoria de espiritualistas que os jornais satíricos têm procurado ridicularizar, com razão talvez:

Entre outras histórias, o *Punch* falava duma viúva *inconsolável* que um médium fizera entrar em comunicação com o finado esposo.

— John, és feliz? murmurava ela.

— Oh, sim! Muito mais feliz do que na Terra, quando vivia contigo.

— Então deves estar no Paraíso; não é assim?

— Ah! não. Pelo contrário.

Que marido indelicado para com a sua pobre viúva!

Compõe-se dos puros cépticos a segunda categoria de que fala Fl. Marryat.

"Eles não fazem tanto mal como os ingênuos; porque, em regra geral, se acham tão endurecidos ou têm a inteligência tão estreita, que vão além do seu fito e invalidam completamente as suas opiniões.

"O céptico nega tudo, porque, talvez uma única vez, constatou uma fraude. Se um médium mente, todos os médiuns devem mentir. Se uma experiência falha, todas devem falhar. Se ele não pode obter uma prova de identidade dos Espíritos, ninguém, depois dele, poderá consegui-la.

"Um céptico julga que o seu testemunho deve ser aceito e crido; porém nunca acreditará no testemunho alheio. Quando vai assistir a uma experiência psíquica, é sempre com a preocupação de descobrir a fraude. Toda a sua inteligência converge para esse resultado maravilhoso, e, se ele nada consegue descobrir, acredita que o iludiram hàbilmente. Julgando sempre por antecipação, está certo do que vai acontecer, sem se dar ao trabalho de experimentar qualquer coisa que seja."

De tal modo se acham os cépticos convencidos da sua infalibilidade, que duvidam mesmo do testemunho dos seus sentidos.

De uma feita, perguntou Fl. Marryat ao Dr. H..., seu amigo, o que pensaria ele se visse experiências concludentes; e ficou estupefata ouvindo-o declarar que não acreditaria nos seus olhos e nos seus ouvidos.

"Entretanto não podeis saber que existo — retorquiu ela — senão me vendo, tocando, ouvindo.

"Quem vos garante que neste momento os vossos sentidos não vos enganam, como numa experiência psíquica?"

A esse argumento claro e preciso *(ad hominem,* poder-se-ia dizer) o Dr. H. apenas respondeu com um sorriso desdenhoso, com o qual significava, sem dúvida, que a julgava muito fraca de espírito para merecer uma discussão; mas, realmente, o bom doutor não sabia que responder.

A verdade é que, afinal de contas, o Dr. H., como muitos outros sábios, não desejava ser convencido.

Um dia confessou-o ele nestes termos: "Se eu acreditasse na realidade desses fenômenos, isso derribaria todas as teorias sobre as quais se baseia a minha ciência." E' o modelo de céptico científico. Ele não quer mudar as suas teorias e os seus hábitos, porque isso o constrange, e lhe parece mais cômodo negar tudo.

Quando falais a um céptico sobre os fenômenos psíquicos, ele toma um ar zombeteiro.

Se lhe sois simpático, pergunta-vos com comiseração: "Como podeis acreditar em tais coisas?" Se o céptico tem espírito prático, logo fala em tolice e futilidade. Se não está bem disposto, chama-vos *espírita,* o que é, segundo ele, a maior das injúrias. La Rochefoucault visava evidentemente os cépticos de certa ordem, quando dizia:

"As inteligências medíocres condenam ordinàriamente tudo o que lhes excede o alcance".

O céptico científico, em geral, fala de cima.

Quando se digna falar um instante desses fenômenos, mal os menciona, pois esses fatos vulgares, diz ele, não merecem que neles se insista. Se alguns deles condescendem em tratar de tais coisas, fazem-no geralmente de muito mau humor ou vos oferecem toda a espécie de banalidades habituais em se tratando de semelhantes assuntos.

Um filósofo céptico escreveu uma vez longo artigo em que confundia as coisas psíquicas mais elementares. E' o *filósofo sem o saber...* oculto.

Existe ainda uma espécie de cépticos que declaram não conhecer o artifício usado pelos médiuns, mas que esse artifício existe, e se entregam a gracejos cuja leveza lembra perfeitamente um elefante caminhando entre ovos.

Outro tipo de céptico, é o do discursador de salão ou de clube. Esbraveja contra a credulidade ilimitada dos homens ou contra o pseudo-misticismo que, na sua opinião, nos torna joguetes dos médiuns e dos sonâmbulos. Assim perora o discursador, que geralmente nenhuma palavra sabe das coisas psíquicas, e a torto e a direito delas fala, como um cego pode falar das cores. Nada diverte tanto como ouvi-lo falar sobre fenômenos dos quais em nenhum está suficientemente firmado. Se, entre todos esses fatos — exclama ele com desespero —, um estivesse bem provado, eu me renderia à evidência... mas esse fato não aparece.

Envio essa categoria de incrédulos ao n.º de Fevereiro 1893 dos *Annales Psychiques*, onde encontrarão, não um só fato, porém *numerosos fatos*, atestados numa ata assinada por tantos quantos sábios, sãos de corpo e de espírito, se pode desejar.

Apesar de todas as provas possíveis, estou bem certo de que, lendo esse relatório, os cépticos encontrarão objeções a todo o instante.

Pelo que dizem certos cépticos, logo que se afastem as causas de alucinação ou fraude, os fenômenos não se produzem mais.

Isso é inteiramente falso. Os fenômenos só se produzem em determinadas condições magnéticas e atmosféricas, bem conhecidas dos experimentadores sérios, mas inteiramente desconhecidas dos ignorantes.

A escuridão é necessária a essas manifestações — dizem irônicamente os cépticos. A luz impede tudo, e, para ser-se *iluminado*, devem-se proscrever as lâmpadas.

Outra inexatidão. Os mais simples fenômenos psíquicos (pancadas), como os mais extraordinários (movimentos de objetos sem contacto, escrita direta), podem ser produzidos em plena luz, e mesmo em pleno dia.

Provam-no as experiências do Sr. Lemerle e de muitos outros. Eu mesmo tive demonstrações irrecusáveis, nas melhores condições de luz.

As pessoas bem equilibradas

Nada mais divertido que a audácia das pessoas que se intitulam *bem equilibradas*. Para elas, não existem fenômenos; existe apenas uma categoria de ingênuos, da qual modestamente se excluem. Todo aquele que se entrega às pesquisas psíquicas é um evadido de Charenton ou um candidato à Salpêtrière (7). Desde que alguém se afasta um pouco das ideias vulgares, não passa de um desequilibrado. E' verdadeiramente tocante a sua comiseração pelos psiquistas; provém aliás duma certa altivez natural às pessoas que ignoram esses fenômenos, pois julgam-se muito superiores às que supõem ver nos mesmos uma hábil prestidigitação.

O homem bem equilibrado pensa ter o cérebro infinitamente mais são que o desses desengonçados psiquistas, que acreditam em quimeras.

Todos aqueles que se comprazem — dizem eles — com as hipóteses relativas ao pretenso sobrenatural ou se mergulham na teoria insondável da continuação da vida após a morte, revelam cérebros mal equilibrados, cujas funções se acham atrofiadas.

Assim falam os últimos discípulos da escola materialista ou positivista. Podem iludir-se mùtuamente; mas, dentro de vinte ou trinta anos, as suas fileiras, cada vez mais rarefeitas, chegarão ao nada, que eles tanto prezam. Daqui a um século ou dois, quando muito, os materialistas serão estudados como fósseis, segundo dizia o presidente da Sociedade de Pesquisas Psíquicas, nos Estados Unidos.

Outrora, o homem bem equilibrado atribuía os poderes chamados sobrenaturais (e que apenas são supranormais ou anormais, o que é muito diferente) aos mágicos negros, brancos ou cinzentos, e aos feiticeiros de todos os gêneros. Em nossos dias foram tratadas como charlatães pessoas que curavam por meio do magnetismo, não porque operas-

(7) Hospital de Histéricos. — **N. do Tradutor.**

sem curas maravilhosas, mas porque não possuíam diploma.

Disse um grande filósofo austríaco, o Barão Hellenbach:

"Só o homem da ciência oficial tem o direito de, por sua capacidade ou incapacidade, enviar os seus clientes a um mundo melhor, sem ser por isso perseguido.

"Há homens que vivem na ilusão de que sabem e adivinham tudo, e por isso declaram impossível o que não compreendem logo; e todos os fatos do mesmo gênero são considerados como fraudes abomináveis. Essa espécie de sábios esquece constantemente, ou mais provàvelmente ignora o que dizia Gauss:

"Se, atirando um livro à cabeça de alguém, ouvirmos um som cavernoso... não devemos concluir que ele provém do livro, porém sim da cabeça, que é oca. Encontram-se também muitas pessoas que, nada compreendendo, têm um pendor natural para o incompreensível, pelo menos no seu ponto de vista. Elas experimentam grande satisfação verificando que, se lhes é desconhecida a explicação dos fatos, não podem outros, apesar da sua ciência, explicá-los de um modo natural."

Como se vê, não são destituídas de sentido as palavras do Barão de Hellenbach.

Ele escreveu aliás grande número de livros filosóficos de grande interesse, alguns dos quais são consagrados aos fenômenos psíquicos.

Os pseudo-cientistas

"Há — diz Oxon (Stainton Moses, professor da Universidade de Oxford (8), falecido em 1892)

---

(8) E depois do **Christ's College. Das suas obras há** publicada uma tradução portuguesa com o título: "**Ensinos** Espiritualistas". — **N. do Tradutor.**

— diversos gêneros de oposicionistas aos fenômenos psíquicos.

"Entre os mais curiosos se encontram, sobretudo, os pseudo-cientistas, que consideram os médiuns como patifes vulgares e os experimentadores como simples papalvos, provàvelmente porque estes últimos não empregam os métodos chamados científicos, que, como se sabe, são infalíveis (embora modificados contìnuamente.)

"Os pseudo-cientistas nos mimoseiam com longos discursos sobre as leis da Natureza, que pretendem conhecer profundamente."

Pode-se ainda compreender nesta categoria o grupo daqueles que, sabendo alguma coisa de física e química, se encarregam de explicar os fatos do modo mais simples do mundo.

Eis o que diz Crookes do pseudo-sábio:

"O pseudo-sábio faz profissão de saber tudo.

"Nenhum cálculo lhe perturba a serenidade; nenhuma experiência para ele é difícil. Nada de leituras longas e laboriosas, nada de tentativas pessoais para exprimir em linguagem clara o que eleva o espírito. Fala com volubilidade de todas as ciências, submergindo o seu ouvinte nos termos *electro-biologia, psicologia, magnetismo animal,* etc., etc., verdadeiro abuso de palavras, que mostra antes ignorância que saber."

Os teoristas

Essa categoria se compõe dos organizadores de planos; são os pretensiosos do psiquismo. Evidentemente não falo daqueles que têm procurado e têm dado explicações de possível utilidade, mas dos que não admitem discussão sobre as suas teorias. Se insinuardes delicadamente que talvez lhes falte conhecimento do assunto de que tratam, logo tomarão modos de dignidade ultrajada e vos dirão naturalmente que, se as teorias deles fôssem convenientemente compreendidas, seriam imediatamente aceitas.

Os teoristas sabem o fim do fim e o porquê do como. Dão lições a Deus e lhe provam de um modo irrefutável que a sua obra é digna de lástima e que deveria ser recomeçada sobre novas bases, mais sólidas ou mais científicas.

Em todas essas teorias há muita coisa que faz rir e que diverte.

Os ignorantes

E' a pior espécie de incrédulos. Muitas vezes, mesmo, se vangloriam de o ser e aproveitam a situação especial em que se acham para fazerem perguntas ridículas sobre a Terra e o Céu.

Levar-vos-ão à parede a propósito de Deus e da criação, forçar-vos-ão a explicar-lhes de que se ocupa a gente na eternidade, e só se darão por satisfeitos se fizerdes a biografia de todos os habitantes do Céu, apresentando-lhes também um plano topográfico da localidade.

Os ignorantes vos perguntarão porque um médium é necessário nas experiências psíquicas; porque cada um não pode ser médium de si mesmo; porque, enfim, o fenômeno não se pode realizar desta ou daquela forma, e vos explicarão como tudo se deveria passar.

A tolice humana é incomensurável, e em profundidade o mar não se lhe pode comparar, porque em alguns lugares deste se encontra fundo, ao passo que a estupidez humana é insondável.

Os pedantes e os circunspectos

Existem em todas as corporações, quer literárias, quer científicas, quer de outras espécies. E' a pior espécie de sábios. Vaidosos dos seus próprios conhecimentos, pairam acima do vulgo, pois têm a ciência infusa. São os Trissotins do mundo científico. Todos que não pensam como eles, têm

— no seu dizer — cérebros de solidez, equilíbrio e qualidade medíocres.

Os imbecis

Imbecil! substantivo e adjetivo de dois gêneros — diz o dicionário, que acrescenta esta observação típica: *Fraco de espírito.*

Jules Noriac, no seu livro "A tolice humana", escreveu sobre os imbecis apreciações inteiramente satisfatórias (menos para eles). Aqueles que desejarem informações acerca dessa interessante categoria de contribuintes poderão ler com proveito Noriac, porque era forte de espírito.

O imbecil é naturalmente altivo de sua incredulidade e a considera grande honra.

E, realmente, os imbecis têm alguma razão para ser orgulhosos, pois os Evangelhos dizem: "Felizes os pobres de espírito, pois é deles o reino do céu."

Qualquer pessoa ao corrente das coisas ocultas sabe perfeitamente que essas palavras foram pronunciadas no ponto de vista *esotérico* ou *simbólico*... para serem compreendidas pelo vulgo.

O sentido real ou *esotérico* (palavra que significa *secreto)* só era revelado aos discípulos.

De outro modo, se se tomassem essas palavras ao pé da letra, os infelizes ricos de espírito (embora pobres de dinheiro) não teriam outro refúgio senão o purgatório, pois o céu, em tal companhia, depressa se tornaria um inferno.

Os imbecis são as pessoas mais difíceis de contentar. Em uma sessão psíquica criticam as menores coisas, a torto e a direito. Nas experiências, acham tudo mau ou duvidoso, e ficam cada vez mais convencidos da sua superioridade.

Os indiferentes

Formam estes a enorme, a imensa maioria. São pessoas muito ocupadas, que lutam pela vida... ou pela fortuna. Desde pela manhã até a noite, trabalham sem descanso, e não dispõem dum minuto. Este mundo os absorve de tal sorte, que não têm um minuto para pensar no outro. Entretanto, muitos têm filhos, e os cuidados do futuro os preocupam tanto como os seus próprios negócios. Quer se trate de um grande banqueiro ou de um pobre operário, vivem lutando dia a dia: uns temendo ganhar menos ou esperando ganhar mais, e outros receando sempre não ganhar coisa alguma. Todos esses são indiferentes às coisas psíquicas, e não há motivo para nos admirarmos disso. E' a caça ao dinheiro ou ao pedaço de pão.

Há ainda os egoístas, aos quais a sobrevivência da alma é tanto mais indiferente quanto só a vida lhes parece interessante.

Poderíamos estudar ainda numerosas categorias de indiferentes, mas todos vão ter ao mesmo fim.

Em suma, os incrédulos de toda sorte representam uma quantidade que se não deve desprezar; mas, à medida que os fenômenos psíquicos se tornarem mais conhecidos, o número desses incrédulos irá sempre diminuindo.

Passemos agora ao estudo detalhado dos fenômenos psíquicos mais curiosos e menos conhecidos.

CAPÍTULO III

ESCRITA AUTOMÁTICA E ESCRITA DIRETA. — OPINIÕES DOS PROFESSORES P. H. MYERS E ELLIOTT COWES

Quando um médium apóia um lápis sobre o papel e sente sua mão escrever sem que ele exerça qualquer ação muscular, dá-se o que os psiquistas chamam *escrita-automática* ou *passiva*: ela difere quase sempre da escrita habitual do médium.

Quando se obtém uma comunicação sem o auxílio da mão de psiquista, quer sobre papel branco, quer entre duas ardósias atadas e lacradas, tem-se o que se denomina *psicografia* (ou *escrita direta.)*

Este último fenômeno é infinitamente mais impressionante que o primeiro, pois é sempre possível supor (e houve, realmente, quem supusesse) que as ideias do médium ou dos assistentes se refletem na mensagem escrita automàticamente.

Na psicografia, pelo contrário, sendo sempre escrita a mensagem diretamente sobre um papel ou sobre uma ardósia, só é possível explicá-la pela ação consciente duma inteligência invisível, tanto mais que a mensagem é muitas vezes escrita numa língua ignorada do médium e dos assistentes. Há quase sempre duas ou três pancadas para indicar que a operação está terminada, o que é prova evidente da presença duma inteligência que não a do médium ou as dos assistentes. De mais, não se vê ninguém escrever a mensagem.

Agora vou passar em revista as opiniões dos experimentadores ingleses, americanos, etc., que estudaram esses curiosos fenômenos.

Comecemos por F. H. Myers, o brilhante professor de Cambridge, lider da Sociedade de Pesquisas Psíquicas de Londres. Eis o que diz da escrita automática:

"O estudo de numerosos casos desse gênero me convenceu de que a hipótese menos improvável é *que uma certa influência sobre os habitantes da Terra pode ser exercida pelas personalidades sobreviventes de homens mortos.*

"O que me fortificou nesta crença foi o estudo da escrita automática. Observei que, em todas as variedades desse fenômeno, o conteúdo dessas mensagens parece vir de três fontes diferentes.

"A primeira de todas é o cérebro daquele que escreve; tudo aquilo que nele entrou pode sair, embora esteja esquecido.

"A segunda é que há uma pequena proporção de mensagens que parecem telepáticas, isto é, indicam fatos que o autômato ignora completamente, mas que são conhecidos de alguma pessoa viva que está em relação com ele ou assiste à sessão.

"A terceira é que resta pequeno número de mensagens *que me é impossível explicar dos dois modos* precedentes: mensagens que contêm fatos *desconhecidos* daquele que escreve e de seus amigos ou parentes, mas *conhecidos* de uma pessoa morta, às vezes completamente estranha ao ente vivo que escreve. Não posso neste caso escapar à convicção de que, *por mais indiretas que pareçam essas indicações, só à personalidade dum morto podem ser devidas tais mensagens.*"

Como se vê, o professor F. H. Myers acredita, em certos casos, numa relação possível entre um ente morto e um vivo. Mas todas as escritas automáticas não devem ser atribuídas a desencarnados, como pensam muito fàcilmente certos espíritas que não têm conhecimento de fatos que relatarei adiante.

A nossa personalidade humana, no ponto de vista psíquico, é tão desconhecida como o era há sessenta anos o interior da África, e foi esse terreno da personalidade psíquica que escolheu a sociedade de que o Sr. F. H. Hyers faz parte. Deve-se-lhe fazer justiça, pela habilidade com que pôs em relação com os fatos reconhecidos e admitidos pela ciência exata esse fenômeno da escrita automática, que parecia inadmissível aos sábios.

O professor F. H. Myers escreveu dois ou três artigos sobre esse assunto nos boletins da sua sociedade; recomendo-os aos que sabem o inglês.

O Sr. Myers é um homem prudente, não muito exigente com os seus leitores; escreveu para uma classe de indivíduos pouco ao corrente dos fenômenos ou cheios de preconceitos antigos e solenes, que por isso mesmo são os mais difíceis de arrancar. "Creio também — acrescenta o Sr. F. Myers — que existem provas evidentes duma espécie de ação ou de influência exercida pelas personalidades sobreviventes dos mortos. Encontram-se traços dessa influência em certas mensagens escritas automàticamente, as quais nos dão esclarecimentos oriundos de fontes desconhecidas do subconsciente."

Essa declaração do professor F. H. Myers representa um grande progresso, pois reconhece que em certos casos há uma ação incontestável dos mortos sobre os vivos. Além disso, constata que o subconsciente ou a subconsciência não basta para explicar todos os fatos, como imaginam certos sábios.

Nos fenômenos de escrita automática e nos de escrita direta, penso que a verdade está, como sempre, entre os extremos, isto é, entre aqueles que reconhecem a realidade dos fenômenos atribuindo-os mais ou menos à ação do homem, e os que, mais corajosos, afrontam os preconceitos acreditando na intervenção de inteligências desencarnadas e invisíveis.

Infelizmente, essas inteligências invisíveis estão para nós inteiramente mascaradas. Ignoramos absolutamente com quem tratamos; somos vistos e não vemos (e mesmo quando vejamos os olhos dum mascarado, isso não nos adianta muito.) A inteligência invisível sabe quem somos, e nós ignoramos quem ela é. Pode zombar de nós e enganar-nos sem que o possamos perceber, pelo menos em geral, pois em muitos casos podemos certificar-nos da identidade da inteligência presente. Todavia, aconselho as pessoas que só fazem experiências por distração a que se acautelem convenientemente, pois a simples prudência nos induz a desconfiar de interlocutores invisíveis.

Do que devem, sobretudo, desconfiar é da autenticidade dessas mensagens assinadas pelo Espírito dum Voltaire... sem espírito, pelo duma Joana d'Arc falando como uma peixeira, ou pelo de Platão dizendo graçolas.

Tanto quanto é possível julgar numa questão tão delicada, podemos admitir que, se as mensagens vêm de parentes mortos ou de pessoas amigas, poucas probabilidades há-de sermos enganados.

Passemos agora ao professor Elliott Cowes, um dos mais ilustres homens de ciência dos Estados Unidos.

"No Universo — diz ele — toda parcela de matéria obedece à lei de gravidade (ou a uma lei particular) que tende a atraí-la para o centro da Terra. Se, pois, observardes um caso em que uma parcela de matéria (mesmo no caso de não ser maior que uma cabeça de alfinete) se move num sentido qualquer, provando que há uma força contrariando ou anulando a lei da gravidade, *tereis passado o Rubicon que separa o material do espiritual.*"

Elliott Cowes foi por muito tempo incrédulo e encontrou na Califórnia o seu caminho de Damasco.

Durante a sua estada na antiga terra do ouro, o professor assistiu a várias experiências, que descreve assim:

"Falarei primeiro de certos fenômenos que podem parecer estupefacientes, porque parecem contrariar as leis da Natureza, tal como são estas formuladas pela ciência moderna.

A menos que se queira negar a evidência dos sentidos, a escrita direta produzida sobre ardósias é um fato cuja realidade é incontestável e que eu afirmo sem reservas.

Para aceitar as consequências lógicas desses fatos, tenho que modificar as minhas ideias acerca dos movimentos que a matéria pode produzir em certas circunstâncias.

Não falo como espiritualista ou teorista de qualquer espécie, mas como homem de ciência que procede a experiências sobre os fenômenos psíquicos.

Quanto à escrita direta, houve muitas vezes fraudes cometidas, e isso foi que fêz duvidassem desse gênero de fenômenos; mas posso declarar que, nas experiências feitas em minha presença, vi, em pleno dia, um pedaço de lápis, a algumas polegadas de mim, erguer-se e mover-se sem ser por ninguém tocado, e depois começar a escrever por si mesmo sentenças legíveis e inteligíveis, que faziam supor uma direção inteligente.

Além disso, esse fenômeno foi também observado por várias outras pessoas presentes, cuja vista é tão boa quanto a minha.

Na escrita automática, pelo contrário, as frases são traçadas por um lápis que se acha na mão duma pessoa que não tem consciência do que escreve. As duas experiências são absolutamente dissemelhantes.

Não fiquei inteiramente convencido de que todas as mensagens eram escritas por uma inteligência desencarnada; mas, por outro lado, constatei casos em que obtive comunicações de coisas desconhecidas do médium e de mim mesmo.

Centenas de fatos idênticos me foram provados, e reconheço que o meu conhecimento das ciências fisiológicas e filosóficas não me dá nenhuma explicação desses fatos. Portanto, não posso admitir, para a escrita direta, senão a teoria que supõe uma inteligência invisível.

Vejo-me na alternativa de negar o testemunho dos meus sentidos ou de renunciar a todos os meus conhecimentos sobre a gravitação, a inércia, a força motriz e os outros atributos da matéria.

Não posso guardar silêncio sobre esses fatos, porque isso seria uma vileza moral."

Elliott Cowes é, nas suas afirmações, tão audaz como W. Crookes, e essa prova de coragem científica faz imensa honra a ambos.

As experiências de Elliott Cowes foram feitas com médiuns particulares, o que dá ainda maior valor às suas asserções.

*

* *

Como exemplos curiosos de mensagens automáticas, citarei muitos fatos impressionantes, o primeiro dos quais é referido pelo barão de Hellenbach (filósofo austríaco) no seu livro intitulado: *O nascimento e a morte.*

"Achando-me no campo, fui visitar a Baronesa Adelina Vay (médium que nesse momento se ocupava de psicografia). Perguntei-lhe se poderia obter uma comunicação do Barão Henikstein, recentemente falecido.

Recebi uma resposta inteiramente de acordo com o seu modo de escrever e com a feição do seu espírito, e, à medida que a comunicação ia sendo redigida, a caligrafia se assemelhava cada vez mais à do meu amigo. Por fim, o médium escreveu *Dabru Noé,* termo eslavo que significa *bom dia,* e do qual o Barão usava especialmente comigo. Além disso, a assinatura era escrita do modo abreviado que ele costumava usar. *O médium não conhecia o meu amigo.*

Os dois outros casos foram constatados por Hugh Junior Brown, inglês da Austrália, cuja boa fé e probidade são bem conhecidas em Melbourne.

Um dia, em casa dele, quiseram experimentar a escrita automática. Duas pessoas tomaram um lápis, porém esperaram em vão. Passaram então o lápis e o papel à filha mais velha do Sr. Brown, *a qual tinha 11 anos de idade.* Apenas pegara no lápis, sua mão começou a mover-se, e ela exclamou: *"Oh mamã, como estou com medo! Minha mão escreve contra a minha vontade!"* (9) O Sr. Brown e sua senhora tranquilizaram a criança, dizendo-lhe que nada havia a temer; olhando o papel, encontraram uma comunicação assinada pela irmã mais velha do Sr. Brown. A letra era diferente da da menina. Aquela senhora morrera antes do nascimento da criança.

O Sr. e a Sra. Brown obtiveram do mesmo modo várias mensagens, das quais a mais curiosa foi a seguinte: Um dia a mão da menina apoderou-se do lápis, tomando-o entre o segundo e o terceiro dedos, com a haste entre o polegar e o indicador, e pôs-se a escrever em caracteres que ao Sr. Brown pareceram chineses.

Tendo mostrado o papel a um chinês com quem tinha relações, respondeu-lhe: "Está mal escrita, mas em parte é legível". Como o Sr. Brown indicasse o modo bizarro pelo qual sua filha segurara o lápis, respondeu o chinês: "E', de fato, assim que se segura o lápis na China."

---

(9) Esta exclamação ingênua não constitui uma prova evidente de uma ação independente da personalidade humana? E' o que Crookes chama **O inteligente operador que está no outro extremo da linha"**, comparando assim a mensagem a um despacho telegráfico, para o qual são necessárias duas pessoas, uma que recebe e outra que envia.

Penso que este fato impressionará os mais incrédulos. Escrever chinês — já é extraordinário para uma australiana de 11 anos, que ignora essa língua; escrevê-lo, porém, pegando a caneta ou o lápis do mesmo modo que os chineses é ainda mais surpreendente.

Cada vez que a punham a escrever, a filha do Sr. Brown declarava que sentia um como entorpecimento no braço. Tendo o Sr. Brown perguntado a razão desse fato, a inteligência invisível respondeu que ela suspendia as relações entre o cérebro e os nervos do braço, de modo a poder dirigir a mão.

Em 1893, o reverendo Minot Savage, presidente da Sociedade de Pesquisas Psíquicas dos Estados Unidos, publicou um pequeno livro em que nos dá algumas das suas experiências pessoais. Algumas de entre elas são eminentemente impressionadoras.

Primeiro caso — Morrera recentemente uma de suas amigas de infância. Vivia em outro ponto dos Estados Unidos, e o *psíquico* ou *médium* (que não era público) ignorava a existência dessa pessoa. Inesperadamente anunciou sua presença, escrevendo automàticamente uma carta. Como eu não pensava nessa pessoa, disse *mentalmente:* "Dai-me o vosso nome". Imediatamente me foram dados seus nomes de batismo e de família. Tive então com ela uma conversação que parecia tão real como entre pessoas vivas. As respostas correspondiam exatamente às perguntas mais íntimas. Havia, em todos os detalhes, dados, indicações de identidade perfeitamente incompreensíveis para um estranho como o médium; porém eu — diz o Sr. Savage — fiquei muito impressionado. Se é um caso de telepatia — acrescenta —, é mais que espantoso.

Segundo caso — As indicações dadas não eram nem podiam ser conhecidas quer pelo médium, quer por mim — diz o Sr. Savage. Só depois, a sua exatidão pôde ser verificada. E, desta vez, a telepatia nada tem que ver com isso.

"Eu estava com um *médium* particular, cujo poder é intermitente. Um amigo morto se declarou presente, e eu quis logo pô-lo à prova. Perguntei se esse suposto Espírito sabia onde nesse momento se achava sua irmã. A resposta foi que ele nada sabia, mas que podia informar-se. Quinze minutos se passaram; depois, foi dado um sinal. — Tendes a resposta? "Sim! Minha irmã *está em casa, prestes a sair.*"

A resposta era exatamente contrária ao que eu supunha, e o médium nada sabia dessas coisas.

Imediatamente o Sr. Savage escreveu uma carta à irmã de seu falecido amigo, pedindo que lhe dissesse o que fizera em tal dia à hora indicada, reservando-se para explicar-lhe depois o motivo de tal pergunta.

A senhora respondeu: *"No dia de que falais, eu estava em casa, pouco mais ou menos à hora que mencionais, e preparava-me para fazer uma visita."*

Terceiro caso — Um Espírito, que dizia ser o de uma senhora que eu conhecera desde a sua infância, anunciou-me que sua irmã Maria experimentava uma das maiores dores de sua vida; depois, como que a contragosto, acrescentou que essa provação lhe vinha de seu marido. Eu nunca vira nem conhecera este último — diz o Sr. Savage —, nem tão-pouco o conhecia o médium. Escreveu-se uma carta a essa senhora, e a resposta, que vinha com a nota *Particular,* dava todos os detalhes em questão.

Quarto caso — Um dos mais notáveis, como valor científico. Um cavalheiro e uma senhora visitam um *médium;* apenas em letargia, este último exclama: "Vossa tia está ali. Ela acaba de morrer." "Não é possível — disseram os dois visitantes —, porque, neste caso, nos teriam telegrafado imediatamente." Sim — respondeu o médium —, vossa tia está ali, e me afirma que faleceu esta manhã, às duas horas. Acrescenta que já vos foi passado um telegrama, que encontrareis em vossa casa, quando voltardes. Com efeito, de volta a sua casa, a muitas milhas daí, entregaram-lhe um telegrama anunciando a morte da tia, exatamente à hora indicada pelo médium.

Este último caso é independente da escrita automática ou direta; mas, como é atestado também pelo reverendo Sr. Savage, eu não quis separá-lo dos outros.

*
* *

O reverendo Stainton Moses (10), que foi professor em Oxford, depois no "King's College", escreveu muito sobre coisas psíquicas.

No seu livro, intitulado *Psychography,* dá exemplos muito curiosos de escrita automática; encontrar-se-ão extratos dele no livro do meu falecido amigo Eugène Nus: *Choses de l'autre monde.*

*
* *

Vou agora referir algumas experiências com Eglington, poderoso médium, que foi detratado, como quase todos os médiuns públicos; mas em favor de quem é esmagadora a massa dos testemunhos.

Em 1885 Eglington foi recebido na casa do Dr. Nichols, que se achava em condições excepcionais para as suas pesquisas psíquicas. Eis o que este diz: "Produzia-se escrita direta sobre papel de meu uso (com as minhas iniciais) ou sobre cartões, dos quais eu rasgava uma ponta, conservando-a para depois poder assegurar-me da sua autenticidade, adaptando a cada uma o pedaço cor-

---

(10) Dirigiu também até à sua morte o "Light", de Londres, jornal de psiquismo e ocultismo.

respondente." A escrita foi feita na minha presença e na de pessoas da minha família, quer numa caixa fechada a cadeado, quer, a maior parte das vezes, entre duas ardósias ligadas. (O som de um lápis escrevendo entre duas ardósias é muito característico.)

Uma vez, em plena luz, o doutor colocou um cartão e uma ponta de lápis aparado numa caixa, que fechou. Depois, apoiou as mãos sobre a caixa, enquanto duas senhoras prendiam as de Eglington. Obteve-se uma mensagem em alemão, língua que tanto os assistentes como o médium ignoravam, pelo que o doutor foi obrigado a recorrer a um alemão para que a traduzisse. "O fato é espantoso, diz o doutor; mas, além das pessoas que a ele assistiram e, como eu, o constataram, aqueles que me conhecem não duvidarão da sua veracidade.

"Nenhuma teoria pode explicá-lo, acrescenta o doutor — e o público tem que aceitar forçosamente uma das suas conclusões: ou eu menti odiosamente, ou essas quatro linhas foram escritas por um poder invisível. Quanto a explicá-lo pela escrita simpática ou pelo uso de tinta invisível, desafio qualquer prestidigitador a fazer o mesmo em idênticas condições, tanto mais que ninguém — inclusive o médium — sabia que eu pediria uma mensagem em alemão."

Esse caso é muito impressionante, pois, supondo que um médium possa ler no pensamento dos assistentes (como Pickmann e Cumberland), isso não lhe daria o conhecimento das línguas.

Uma sessão notável se realizou em presença do Sr. Dawson Rogers (um dos fundadores da Sociedade de Pesquisas Psíquicas), o qual diz o seguinte: "Posso afirmar que conheço os recursos mais sutis da prestidigitação; mas, no caso em questão, não tenho a menor dúvida de que a fraude era impossível. A sessão realizou-se em minha casa, com todas as precauções imagináveis. Obteve-se escrita direta num livro fechado."

Uma das sessões mais curiosas de Eglington verificou-se em 1884, na casa duma senhora de posição, e entre as assistentes achavam-se Lady X., a Marquesa de Z. e o Sr. Gladstone. O grande estadista inglês disse a Eglington que não era absolutamente céptico acerca da possibilidade dos fenômenos psíquicos e que acreditava em forças sutis, com que as nossas fracas inteligências não podiam lutar. Manteve, pois, atitude reservada e de curiosidade. O Sr. Gladstone havia — ao que parece — feito experiências de leitura do pensamento, as quais foram suficientes para provar-lhe que havia na Natureza forças desconhecidas e não reconhecidas.

A sessão foi realizada em plena luz, e a dona da casa, a senhora O., trouxe duas ardósias como as que se usam nos colégios. Respostas a diversas perguntas foram escritas nessas lousas, quer Eglington as segurasse debaixo da mesa, ou sobre esta, à vista de todos. Pediram ao Sr. Gladstone que escrevesse uma pergunta numa dessas lousas, o que ele fêz, entregando a ardósia voltada, de modo que Eglington não pudesse ler o que estava nela escrito. Colocou-se esta ardósia sobre outra, e entre elas um pedaço de lápis, ligando o conjunto. Quase no mesmo instante começou o ruído da escrita.

O Sr. Gladstone parecia intrigado; mas, quando se separaram as lousas e ele viu que a resposta à sua pergunta estava exata, o espanto se tornou em estupefação.

E' evidente que, numa casa particular e com essas lousas pertencentes à Sra. O., toda fraude, sobretudo em plena luz, era impossível, tanto mais quanto o Sr. Gladstone não perdia de vista Eglington, e os seus olhos penetrantes o observavam com cuidado. Houve também respostas em espanhol, francês e grego. Ora, Eglington pouco sabia de francês e nenhuma palavra das outras duas línguas.

Terminadas as experiências, enquanto as três senhoras conversavam, o Sr. Gladstone entreteve-se com Eglington a respeito de assuntos psíquicos. Este insistiu com o Sr. Gladstone acerca da ridícula atitude de certos homens de ciência que negam os fatos, *a priori*, e recusam examiná-los. Eis o sentido geral do que respondeu o Sr. Gladstone: "Sempre pensei que os homens de ciência, apesar dos seus grandes e nobres trabalhos, têm exageradas inclinações para desprezar fatos que parecem em contradição com seus métodos estabelecidos e muitas vezes negam o que não se dão ao trabalho de examinar. Muitos não pensam neste ponto importante: que existem provàvelmente na Natureza forças que eles ignoram!"

Esta censura do grande homem de Estado não deve ter provocado o riso em certos sábios ingleses; é verdade que eles riem muito poucas vezes!

A notícia desta sessão repercutiu profundamente na Inglaterra e no estrangeiro. Como era de esperar, o Sr. Gladstone viu-se submergido num dilúvio de cartas. A inundação tomou proporções tais que o *Daily News* publicou a seguinte *nota oficiosa*: "O Sr. Gladstone encarregou-me de dizer-vos que ele não se julga obrigado a entrar em detalhes e que não emitiu conclusões acerca dos fatos de que falais. — (Assinado) *Horácio Seymour.*"

Esta resposta diplomática tinha por fim desviar do Sr. Gladstone a cólera dos pseudo-sábios, que se amontoavam sobre o espírito demasiado livre do *great old man* (como lhe chamam os ingleses). Na opinião dos velhos carolas anglicanos ou puritanos, o Sr. Gladstone se entregara à feitiçaria.

No pensar das pessoas bem equilibradas, ele fora vítima dos escamoteadores e dos ilusionistas. Desde então, o Sr. Gladstone tornou-se membro da Sociedade de Pesquisas Psíquicas, prova evidente de que essas questões lhe despertavam vivo interesse.

*

* *

Outras experiências muito curiosas e do mesmo gênero realizaram-se na casa do Sr. Wedgewood (antigo vice-presidente da Sociedade de Pesquisas Psíquicas), e ele garante a realidade dos fenômenos e a impossibilidade de fraude, nas condições em que as experiências foram feitas.

*

* *

Um aspecto curioso da escrita direta é a rapidez com que a mensagem se produz, na quinta ou sexta parte do tempo que poderia gastar o escrevente mais célere.

*

* *

Escreve o professor J. Hyslop (dos Estados Unidos):

"Nunca fui adepto do Espiritismo; portanto, a escrita automática que obtive nunca dependeu de ideias preconcebidas.

"Também nunca me achei em estado hipnótico. A escrita difere da minha e é produzida com uma rapidez que me seria impossível imitar. Os pensamentos não são meus, e frequentemente estão em oposição com os que me são mais caros. Em certos casos, foram-me dadas indicações inteiramente pessoais, em que só acreditei depois que a sua realidade me foi provada por pessoas de quem as ouvi e que ignoravam as minhas experiências.

"Em outras circunstâncias, assinaturas lançadas no fim das mensagens assemelhavam-se tanto ao autógrafo real das pessoas que se diziam seus autores, que amigos dessas pessoas mortas ficavam confundidos de surpresa ao compararem as letras. Acresce que eu não conhecia essas pessoas.

"Nunca posso obter à vontade escrita automática. Muitas vezes nada obtenho, ou apenas consigo algumas palavras como "falta o poder" ou "as condições são más".

"Uma nova escola, que tomou o nome de fisiologia-psicologista, tenta explicar a escrita automática pelo *subconsciente,* palavra nova (mais trabalho para a Academia), aplicada a uma segunda personalidade que se manifestaria nos sensitivos submetidos às experiências magnéticas.

"Essa teoria, absolutamente hipotética, foi unânimemente condenada por quantos se têm ocupado de psiquismo.

"Com efeito: que vem a ser um *eu* inferior que, por momentos, seria mais senhor do nosso cérebro que o *eu* superior? E' possível que o homem tenha duas consciências, porque tudo nele é por assim dizer duplo; mas essa subconsciência só é admissível se é inferior e secundária, como a alma animal nos sistemas budistas e ocultistas. Essa subconsciência poderia ser então puramente instintiva, como a dos animais; seria isso um último vestígio da evolução; mas, lògicamente, ela deve estar submetida à consciência superior. De outra forma, o homem seria uma dualidade mal equilibrada, em que cada consciência agiria a seu modo, sem que a outra soubesse porquê. Seria o cúmulo da confusão intelectual.

E', sobretudo, inadmissível que o subconsciente saiba coisas que o superconsciente ignora. Eis o que escrevia a esse respeito um médico inglês: "E' lógico acreditar que, desde o nosso nascimento até a nossa morte, temos dentro de nós outra personalidade de que nada sabemos, mas que tem consciência de todos os atos de nossa vida, assim como dos feitos e dos gostos dos nossos parentes ou amigos mortos?

"Se é o nosso subconsciente que se manifesta, porque não o diz? Com que fim nos ilude?"

Eis ainda o que dizia um jornal religioso-filosófico dos Estados Unidos:

"O superconsciente nada sabe do subconsciente que, pelo contrário, está ao corrente de tudo o que faz o outro e além disso tem ideias e opiniões que o tornam completamente independente do seu co-associado. *Realmente, não há sequer a sombra de uma prova de que essa teoria seja verdadeira.*

"O subconsciente é um escapatório muito cômodo; mas, em vez de tudo explicar, obscurece tudo. Não ignoramos as experiências hipnóticas feitas na França, mas os experimentadores têm sempre lidado com doentes ou histéricas, isto é, com pessoas em estado mórbido."

E' perfeitamente exato. O que se obtém de tais pessoas são fenômenos mórbidos e não psíquicos. Esses doentes ou loucos caem na alçada da medicina curativa e não do psiquismo experimental. Sobretudo necessitam de abonador.

Quando um médium está doente, não se obtêm mais fenômenos psíquicos; só quando ele torna à saúde, os fenômenos reaparecem. Este resultado foi muitas vezes averiguado por S. Moses, doutores Gully e Nichols e muitos outros; é prova exuberante de que os médiuns não são doentes, como supõem certos doutores, que os confundem com a sua clientela.

A. Russell Wallace (êmulo de Darwin e membro da Sociedade Real de Londres) condena também o *subconsciente,* como uma hipótese balda de prova e consistência.

Oxon (S. Moses), no seu livro intitulado "Psychography", parece ter medíocre confiança no *subconsciente,* pois diz o seguinte: "A teoria da ação duma nova consciência formada pela inteligência dos assistentes, ou por uma *subconsciência,* se apenas há uma pessoa, é uma hipótese que muitas vezes foi apresentada para ser outras tantas vezes inutilizada pelos fatos. E' esta a sorte de todas as teorias."

Depois da morte de Oxon, um de seus amigos, F. H. Myers (o professor de Cambridge, que já citei) escreveu o seguinte: "Antes da época em que deixou a Sociedade de Pesquisas Psíquicas, Oxon me permitiu examinar toda a série das suas escritas automáticas, sobretudo aquelas que continham as provas sobre que baseou o seu livro *Spirits' Identity* (Identidade dos Espíritos), e em parte alguma verifiquei que os casos publicados fôssem diferentes dos originais. Pelo contrário, creio que esses casos, se fôssem estudados de modo mais completo, teriam produzido provas ainda mais férteis do que o autor imaginava."

A atestação de um homem do valor de F. H. Myers é da mais alta importância.

Com este delicioso sistema de subconsciente, um marido enganado não teria mais o direito de vingar-se do amante de sua mulher, pois este poderia apelar para o seu superconsciente, que nada sabia.

Todos os assassinos e ladrões poderiam alegar que o seu subconsciente é o único culpado, pois o superconsciente nada soube, nada viu e não teve a consciência de resistir. "Toda vez que eu estava doente, toda vez que eu sofria — diz Oxon —, os fenômenos perdiam todo o valor e toda a clareza. Logo que eu me restabelecia, o efeito contrário se produzia. O que se obtém dos doentes, dos histéricos ou dos loucos é apenas uma série de divagações de cérebros ou de organismos desequilibrados."

Aconselho os hipnotizadores a que meditem essas linhas de Oxon e reflitam sobre o espantoso artigo que o Sr. Labouchère publicou no seu jornal *Truth*.

Trata-se da confissão feita por um dos *sensitivos* mais notáveis de Londres, no ponto de vista hipnótico:

"Carecem de *sensitivos* os doutores e professores que se entregam às experiências de hipnotismo, e por isso formou-se uma categoria de pessoas que os exploram com uma habilidade sem igual.

"O *sensitivo* que me fêz a sua confissão — diz o Sr. Labouchère (membro da Câmara dos Comuns) — era uma estrela na sua profissão; figurou em sessões particulares, com sábios hipnotizadores ansiosos por chegarem a resultados exatos, e todos confessam que este sensitivo os deixou perplexos.

"Que prova tinha eu de que não havia sido enganado também? — pergunta o Sr. Labouchère. — Numerosas provas. Além disso, ele ofereceu-se para simular em minha presença todos os fenômenos hipnóticos.

"Estes recursos — diz o *sensitivo* — são uma questão de prática; basta exercitar-se neles com cuidado.

"Acreditais — perguntou o Sr. Labouchère — que todos os sensitivos sejam, como vós, prestidigitadores? Não todos, porém muitos — respondeu ele rindo. Eu os conheço e sei o que devo julgar. Além disso, este sensitivo me garantiu que em Paris, como em Londres e em outros lugares, o hipnotismo tinha os seus exploradores."

O Sr. Labouchère termina o seu artigo dizendo ter verificado e constatado que todos os expedientes descobertos por ele haviam sido empregados, quer em público, quer com sábios. Isto prova que os falsos *médiuns* encontraram os seus parceiros nos falsos *sensitivos.*

Um doutor inglês, o Sr. H., diz ter tido a prova de que diversos *sensitivos* dum doutor hipnotista de Paris o haviam enganado muitas vezes, e a este respeito publicou dois artigos no *Times.*

Certos sábios acham muito natural tratar os médiuns de farsistas, charlatães, prestidigitadores e outros títulos amáveis.

Eles poderão ver, pelo que acabo de relatar, que os melhores *sensitivos,* hipnotizáveis, são, às vezes, puros comediantes desempenhando seus papéis conforme seus interesses, e revelando o segredo quando se retiram do negócio.

Outros experimentadores fizeram as suas hipnotizadas representar todos os papéis imagináveis, sugerindo-lhes que elas eram tal ou tal personagem, do qual tomavam imediatamente o porte, a linguagem e o tom. Trata-se de saber se esses experimentadores não foram a seu turno vítimas do logro, como simples *Gerontes psicólogos*. E' evidente que eles tomam precauções; mas, como no *Barbeiro de Sevilha,* muitas vezes a precaução é inútil, e uma mulher, fingindo estar hipnotizada, tem mais malícia no seu dedo mínimo do que muitos sábios, mesmo de prevenção.

Segundo este novo gênero de charlatanismo, o verdadeiro *subconsciente* seria o experimentador, horrìvelmente logrado pela hipnotizada, que seria superconsciente das suas espertezas.

Infelizmente, os hipnotizadores nunca confessam que podem ser tão crédulos como os espíritas e que também é possível enganá-los. Crêem tudo explicar com o *subconsciente,* que é um enigma, e que não dá a chave da escrita automática e ainda menos da escrita direta.

Quanto a esta última, há nela uma ação semi-material fora de todos os sub ou superconscientes, e só por dois modos se pode explicar este gênero de escrita:

1.° — Pela ação duma inteligência invisível, qualquer que ela seja;

2.° — Pela ação do *corpo psíquico* do médium, destacando-se dele e agindo por meio dos seus órgãos psíquicos (11).

Esse último caso apresenta-se, segundo creio, mais comumente do que se pensa; mas, se a mensagem é escrita numa língua desconhecida do mé-

---

(11) Para compreender bem esta explicação, envio o leitor ao capítulo sobre o corpo psíquico.

dium e dos assistentes, só há uma explicação admissível: a intervenção duma inteligência invisível. Nada prova aliás que essa inteligência esteja perto de nós; pode agir de muito longe, como acreditava Robert Hare, e talvez dum modo semi-telepático.

Quanto à auto-sugestão, não explica absolutamente nada; mas é um biombo muito cômodo para disfarçar o que não se compreende ou o que não se quer admitir.

Nas *Recordações dum magnetizador,* do Conde de Maricourt, encontrar-se-ão fatos bastante curiosos e bem documentados de escrita automática. Alguns de entre eles apresentam este aspecto característico: foram escritos por uma pessoa viva e com todos os caracteres da sua escrita, diferente da do médium.

Essas duas mensagens prediziam a morte de uma pessoa em tal data e tal época. E' admissível que o subconsciente dessas pessoas ou do médium fôsse avisado dessa morte próxima, enquanto o superconsciente nada sabia dela? A questão se resolve muito simplesmente.

O mais provável é haver aí dois casos do que se poderia chamar *telepatia automática.*

O Sr. Stead, diretor da *Review of Reviews* de Londres, obteve repetidamente mensagens desse gênero. Constatou que, servindo-se da sua própria mão, em lugares distantes, amigos lhe haviam escrito de um modo automático, dizendo o que pensavam ou desejavam dele. Um deles, a quem havia encontrado e que não ousara confessar-lhe embaraços de dinheiro, lhos comunicou *automàticamente.* Quando o Sr. Stead mostrou ao seu amigo uma comunicação escrita com a própria letra deste, ficou aturdido, como era natural.

Certas pessoas poderão supor que o Sr. Stead é um ledor de pensamentos, como Pickman ou Cumberland, ou nos virão ainda falar de auto-sugestão; mas tudo isso não explicaria como o

Sr. Stead teria podido imitar exatamente a escrita dos seus amigos. A telepatia, a clarividência e o psiquismo, que muitos não admitem, reservam-lhes — creio eu, muitíssimas surpresas.

CAPÍTULO IV

A PSICOMETRIA

Falemos agora da psicometria, curiosa faculdade psíquica descoberta pelo Dr. Buchenan, que fundou uma escola de medicina em Cincinnati (Estados Unidos.)

Conversando um dia com um cliente, o bispo Simpson, o doutor soube que o bispo, toda a vez que tocava num metal, mesmo à noite, quando ignorava que o fazia, sentia a influência desse corpo e descobria a natureza dele. Em seguida a essa observação, o doutor começou uma série de experiências.

Colocou metais diversos nas mãos de pessoas de grande sensibilidade, e constatou que muitas possuíam o poder de adivinhar pelo tato tal ou tal substância, envolvida em papel e imperceptível à vista.

Continuando nessa ordem de ideias, o Dr. Buchenan imaginou que os sensitivos poderiam ser afetados do mesmo modo pelo contacto de seres vivos. Pessoas de temperamento muito impressionável poderiam, colocando a mão sobre a cabeça ou sobre o corpo, experimentar uma sensação correspondente à vida íntima. Muitas vezes, mesmo o contacto era dispensável.

Poderosos sensitivos, achando-se diante de pessoas doentes, reconheciam a moléstia e podiam indicar-lhe a sede.

Eis um gênero de psicometria que prestaria grande auxílio aos nossos médicos, quando seus diagnósticos não correspondessem à sua esperança (12).

Dois anos depois de haver feito as suas primeiras descobertas, o Dr. Buchenan encontrou indivíduos tão sensitivos que podiam reconhecer a influência comunicada a uma carta por aquele que a tinha escrito, quando se colocava essa carta sobre a fronte do psicômetra. Às vezes mesmo, este último podia indicar o caráter e os hábitos daquele que havia escrito a carta.

Entre aqueles que mais se têm ocupado de psicometria, deve-se citar em primeiro lugar o eminente geólogo William Denton.

Encontrou em sua mulher, em sua irmã e num dos seus filhos, os mais poderosos exemplos de poder psicométrico, e durante mais de vinte anos fêz experiências nas melhores condições.

Continuando suas pesquisas em numerosas viagens, e achando-se em contacto com muitas pessoas que possuíam mais ou menos o dom psicométrico, William Denton publicou os resultados de suas experiências em três volumes intitulados: *A alma das coisas.* Vou dar alguns extratos desse curiosíssimo livro.

A irmã de Denton, Sra. Uridge, foi a primeira pessoa sobre a qual tentou experiências.

Sendo muito impressionável, essa senhora dentro em pouco se achou em estado de ver e descrever as pessoas que haviam escrito as cartas que se lhe colocavam fechadas sobre a fronte, dizendo mesmo muitas vezes a cor dos cabelos e dos olhos.

Denton concluiu daí que, se a imagem daquele que escreve uma carta pode gravar-se nela (psì-

(12) Em Londres há diversos, que prestam grandes serviços.

quicamente) durante o pouco tempo em que o papel se lhe acha sob a influência, era justo supor que os rochedos guardavam a impressão de tudo quanto os havia rodeado. Foi assim levado a pensar que o geólogo poderia obter indicações sobre o passado, e fêz experiências com fósseis, minerais, espécimenes arqueológicos. Denton descobriu que o psicômetra, sem saber em que consistia o espécimen que se colocava, embrulhado, na mão ou sobre a fronte, via o objeto e tudo o que havia acontecido na sua vizinhança.

Esta visão passava às vezes com a rapidez do raio, e outras vezes tão lentamente e tão distintamente que era possível descrevê-la como uma vista panorâmica.

A psicometria prestará ao geólogo um auxílio imenso. Há períodos inteiros do passado que ignoramos. A fauna e a flora da Terra durante o período cretáceo nos são quase desconhecidas. Que sabemos do começo da vida? E' provável que não só nos fósseis devamos procurá-la, mas também em impressões que o psicômetra pode descobrir.

Formas pequenas ou demasiado inconsistentes para deixarem impressão sobre os rochedos poderão ser percebidas, e períodos que nos parecem estéreis, vazios, mostrar-nos-ão miríades de seres que viveram sem deixar traços visíveis. Tipos de animais, de pássaros e de peixes, de que não temos a menor ideia, serão por assim dizer reconstituídos, e poderemos julgar do conjunto da criação orgânica desde a mônada até o homem.

Muitas vezes, viajando de carruagem, a Sra. Denton dizia a seu marido... há chumbo ou cobre nos arredores, e o Sr. Denton verificou a exatidão da informação.

O psicômetra — diz ele — pode seguir o curso dos veios dum metal no interior da terra, como nós seguimos o curso dum rio à superfície desta.

Mas — acrescenta Denton — como poderemos saber se as narrativas dos psicômetras são exatas?

Comparando as revelações de um às de outro, como fazemos em astronomia.

Mesmo para o historiador, a psicometria será útil, pois a História — diz Voltaire — é uma enorme mentira.

A biografia de todas as nações se acha escrita algures e o psicômetra poderá lê-la. Os ocultistas dizem que todos os acontecimentos passados e presentes estão impressos na luz astral e que os videntes podem lê-los como num livro.

O psicômetra é, em suma, uma espécie de vidente, ou antes um indivíduo que tem, acordado, as faculdades e as percepções que o sonâmbulo só possui quando adormecido.

Em lugar de milhares de anos, o psicômetra pode fazer-nos remontar a milhões de anos. Saberemos o que se passava nas épocas primárias, secundárias, etc.; a espada dum César ou dum conquistador muito poderá dizer-nos sobre o seu caráter. A psicometria, em diversos casos, poderá servir para a descoberta dos criminosos. Os restos dum indivíduo assassinado podem contar a sua história, pois se acham impregnados da influência dele.

"O peixe — diz Denton — nada sabe do oceano aéreo em que anda o pássaro, e nós — apesar de todos os nossos famosos conhecimentos — quase nada sabemos do oceano do éter que nos cerca. Acredito que a psicometria não passa dum exercício das faculdades da alma e que é independente do corpo. O psicômetra vê, sem auxílio dos olhos materiais, quer o passado, quer o presente, tanto o que se acha próximo como o que está afastado; ouve sons que os ouvidos físicos não percebem, e viaja sem ser pelos meios ordinários de locomoção. Entretanto, as numerosas dificuldades que encontramos em nossas experiências provaram-me que nos temos aproximado dum terreno desconhecido, mas que apenas o temos costeado."

Vê o psicômetra os objetos como nós os vemos? — Não inteiramente do mesmo modo — diz a Sra. Denton. "Em certos casos os objetos passam diante do observador com a rapidez do raio; só muito tempo depois eu soube que, por um esforço poderoso da vontade, era possível fixar esses quadros, os quais são reais como tudo o que vemos diàriamente. Outras vezes os objetos parecem fixos, mas apenas certas partes deles são visíveis. Por momentos o psicômetra se acha transportado ao espaço, e, movendo-se mais velozmente que o vento, voa e sente-se desprendido de todo laço terrestre.

E' provável que este último efeito seja produzido por um desprendimento do corpo psíquico, que habitualmente só se verifica no sono ou no estado letárgico.

Na sua mocidade, a Sra. Denton acreditava que se poderiam obter esses resultados comprimindo as pálpebras sobre os olhos, segundo lhe dizia sua mãe. Mais tarde verificou que a explicação era pueril e que esse gênero de efeitos bem se podia aproximar do que Aristóteles chamava *ação interior do sentido da visão.*

Por uma sucessão de coincidências e experiências, o Sr. Denton e sua esposa foram levados a pensar que existia algum laço entre essas singulares visões e as realidades da vida exterior. Às vezes percebe-se como que o *fac-simile* duma coisa familiar, porém o objeto pode também ser de todo diferente do que se viu ou conheceu.

Nenhum anatomista sabe o que é o órgão visual ao redor, e bem embaraçado se veria para explicá-lo.

E' o *sexto sentido,* de que nos falam alguns ocultistas elevados, sentido que começa a desenvolver-se entre certos privilegiados das novas gerações.

Haverá mesmo um *sétimo sentido,* que se desenvolverá em futuras raças.

Voltemos à Sra. Denton. Entusiasmada com a descoberta do Dr. Buchanan, ela quis fazer experiências de acordo com as suas indicações. Uma tarde, no seu quarto, *e na obscuridade,* tomou ao acaso uma carta, entre muitas que se achavam em uma gaveta, e colocou-a sobre a fronte. Imediatamente viu o rosto e o busto da pessoa que a escrevera e mesmo o aposento em que se realizara esta operação. Depois, riscando um fósforo, verificou a exatidão da experiência.

Embora praticáveis em pleno dia, estas experiências se tornam muito mais fáceis na obscuridade. O psicômetra pode desenvolver então inteiramente a sua visão interna, e as suas descrições são mais nítidas. Não são simples produtos de sua fantasia ou criação da sua imaginação.

Eis um exemplo:

Em 1872, o Sr. Denton colocou nas mãos de seu filho (de doze anos de idade) um pedaço de cimento proveniente da casa de Salústio, em Pompeia. As descrições desse menino foram tanto mais surpreendentes quanto nada conhecia de Pompeia (nem por leitura, nem por qualquer outro modo) e, entretanto, o que disse dos seus habitantes, dos seus armazens, das suas festas, da vida diária, do teatro, etc., era perfeitamente exato, segundo se reconheceu posteriormente. As experiências foram feitas com intervalos bastante grandes, para evitar tanto quanto possível a transmissão dos pensamentos.

No caso que passo a referir nem mesmo esta explicação poderá servir, pois a experiência teve por objeto um fóssil da ilha de Cuba. Colocado sobre a fronte da Sra. Denton, ela descreveu muito exatamente onde fora encontrado o fóssil, de que era (da época terciária), o que o cercava, a parte da ilha onde o tinham apanhado.

O Sr. Denton nada sabia desse fóssil, que lhe fora dado como proveniente de Calabaial, o que indicava uma cidade hispano-americana, porém não uma cidade da ilha de Cuba, de preferência a qualquer outro lugar da América.

Escrevendo a amigos seus, depois da experiência, o Sr. Denton obteve esclarecimentos que concordavam absolutamente com as descrições de sua esposa.

De outra feita, no meio de mais de duzentos especímenes de tôdas as espécies, embrulhados em papel, o Sr. Denton tomou um ao acaso e colocou-o sobre a fronte de sua esposa, ignorando de qual se tratava. Mais tarde, abrindo o papel, o Sr. Denton leu sobre o espécimen: *Mosaico moderno. — Roma.*

A descrição da Sra. Denton versara sobre o templo donde fora tirado esse mosaico.

Reconheceu que não se tratava de pintura, porém de cores impressas nos materiais.

E' necessária a influência magnética para o fenômeno de psicometria?

De modo algum — responde o Sr. Denton. Esta influência nunca deve ser aceita pelo psicômetra, exceto em casos muito raros.

Deve o olhar do psicômetra ser dirigido para o espaço ou para algum objeto donde pareceu emanarem as visões? Não — diz ainda o Sr. Denton. O psicômetra não precisa de olhar os objetos. Em 90 casos sobre 100, vê muito mais do que pode descrever; ele não precisa de evocar visões; elas lhe chegam em multidão e como que dotadas de vida e movimento.

O valor dessas visões depende sobretudo da habilidade do psicômetra em distinguir a natureza das duas influências ou da sua origem, de modo a se tornar ativo para uma influência e passivo para outras.

A fim de provar que esses fenômenos não são pessoais ao Dr. Buchanan ou à família Denton, vou contar um caso referido pela Sra. Harbinge-Britten, esposa dum doutor inglês.

Por volta de 1882, uma reunião de despedida se realizara na casa do coronel Kate, muito conhecido em Filadélfia. Um dos visitantes pediu-lhe permissão para apresentar um amigo que ninguém conhecia.

No fim da reunião, esse cavalheiro disse que trouxera o seu amigo a fim de obter (se possível fôsse um) a descrição psicométrica dum pequeno embrulho que tirou do bolso. Embora houvesse cerca de sessenta pessoas presentes, seguiu-se a esse pedido um silêncio completo, até o momento em que a senhora a quem era oferecida aquela festa íntima lançou mão do embrulho.

Ignorava-se que aquela senhora fôsse psicômetra, pois, desde muitos anos, não exercitava esse dom. Movida por um impulso repentino, declarou que se sentia transportada a milhares de anos atrás, sobre as margens do Nilo, e descreveu bandos de egípcios inclinando-se diante duma pedra alta e volumosa, cuja ponta era dirigida para o céu. Durante três quartos de hora falou de várias épocas, em que outras nações se haviam reunido aos egípcios para levantar da terra a elevada pedra, em cuja base se encontravam diversas medalhas semelhantes àquela que estava no embrulho. Disse em seguida que essa pedra fora transportada para fora do Egito e que se achava atualmente numa doca.

O cavalheiro informou então às pessoas presentes que o embrulho continha uma medalha, que mostrou, e que fora encontrada com muitas outras no Egito, debaixo da *agulha de Cleópatra;* que o Governo dos Estados Unidos acabava de comprá-la. Essa agulha se encontrava naquele momento em uma doca de Nova Iorque.

O que mais espantou os assistentes não foi apenas a exatidão das descrições, porém o fato surpreendente de que a história do país, dos habitantes, do monólito, etc., estivesse também gravada nessa medalha dum modo por assim dizer oculto. Essa narrativa é garantida de um modo absoluto pela Sra. Hardinge-Britten, que a publicou.

Desde então, muitos psicômetras surgiram, tanto na Inglaterra como na América, e, como diz W. Denton:

"A psicometria pode alargar o domínio de todas as ciências, porém os sábios a receberão a princípio com desconfiança, se não com hostilidade.

"Uma pedra das ruas ou dos muros de Jerusalém é como que uma biblioteca com a história do povo judeu. Os acontecimentos mais ignorados, dos tempos pré-históricos, podem ser por nós conhecidos, e, para vê-los, basta abrirmos os nossos olhos psíquicos. Um pedaço duma coluna de Babilônia pode pôr-nos ao corrente de que era a Assíria há 4.000 anos."

No seu curioso livro, Denton relata suas numerosas experiências, algumas das quais são realmente espantosas.

Evidentemente, a psicometria é uma nova mina aberta aos pesquisadores, porém estou convencido de que os adeptos da rotina nos hão-de falar em visões, auto-sugestões, transporte de pensamentos, enfim dedilharão toda a lira científica, de preferência a confessar que existem coisas que eles ignoram.

SEGUNDA PARTE

O ALTO PSIQUISMO

CAPÍTULO I

O CORPO PSÍQUICO

O estudo do corpo psíquico é indispensável para que se compreendam os fenômenos psíquicos de caráter mais elevado e mais raro do que os que acabo de descrever.

Sei que é muito difícil fazer admitir a realidade duma coisa invisível, pelo menos em geral, pois em muitos casos o corpo psíquico se torna visível para certos sensitivos.

Os espíritas chamam a esse corpo *perispírito* (*) e ignoro porque escolheram esse termo, demasiado vago, cujo equivalente não se me deparou em obra alguma dos espiritualistas ingleses, americanos, alemães, etc. Prefiro a expressão de corpo psíquico ou invólucro fluídico, que é mais precisa, pois esse corpo é composto duma matéria extremamente sutil, que tem a forma do nosso corpo material. Por *corpo glorioso,* conheciam-no os primeiros cristãos.

Dizem os indus que esse corpo é feito com o fluido astral, que atravessa e liga todos os mundos.

(*) A criação desta palavra está perfeitamente justificado n'**O Livro dos Espíritos**", de Allan Kardec. — (N. do T.).

São muito curiosos os seus dados relativamente a este assunto.

Os antigos egípcios chamavam ao corpo psíquico a *forma que sai,* expressão bem *característica* e que é corroborada pelos numerosos casos de desdobramento do ser humano, como se verificará por alguns exemplos que hei-de citar.

Duvidam da existência desse corpo os sábios e os cépticos, porque não o vêem. Antes da invenção do telescópio e do microscópio, viam-se, porventura, milhares de planetas e miríades de infusórios?... quem hoje duvida da existência deles?...

Quem sabe se no século XX não se descobrirá o *psicoscópio,* isto é, um instrumento bastante poderoso e sensível para nos permitir ver o fluido magnético, e principalmente a matéria sutil que forma o corpo psíquico?

Nesse dia estará morto o materialismo, e ninguém o lastimará. Aliás, segundo observava o reverendo Sr. Savage, presidente da Sociedade de Pesquisas Psíquicas da América: "Os materialistas são fósseis dum período extinto do pensamento humano."

Há cinquenta anos apenas, quem falasse de instrumentos como o telefone e o fonógrafo inspiraria lástima. Mesmo no tempo dos gregos e dos romanos, que tanto se orgulhavam dos seus conhecimentos e da sua civilização, seria tratado de charlatão quem se lembrasse de inventar uma coisa tão banal como é atualmente a fotografia. Na idade média, esse fotógrafo seria queimado como feiticeiro, o que de alguma forma nos consola de não termos vivido nesse tempo, que, por eufemismo, se chama ainda o *bom tempo antigo.*

A existência do corpo psíquico é tanto mais indispensável quanto, segundo a Ciência, somos uma reunião de células, e é o corpo psíquico que as reúne e dirige. Demais, renovando-se incessantemente, o corpo físico acabaria por dissolver-se, se não existisse esse invólucro fluídico que mantém todos os elementos do corpo (*), bem numerosos, a julgar pela nomenclatura seguinte: Segundo o jornal *Iron,* encontram-se no corpo humano treze elementos, dos quais cinco gasosos e oito sólidos. Um homem de 76 quilogramas representa 44 quilog. de oxigênio e 7 de hidrogênio, 1 k. 73 g de azoto, 600 g de cloro, 100 g de fluor, 22 quilog. de carvão (!), 800 g de fósforo, 100 g de enxofre, 1,750 g de cálcio, 80 g de potássio, 50 g de magnésio, 50 de ferro, e *nenhum metal precioso!*

Creio que a vaidade humana ficará um pouco humilhada com esta desfilada de matérias corporais.

Que se tornariam todos esses elementos, que se desagregam e se reformam continuamente, se não existisse um invólucro geral que os retivesse durante seu trabalho de transformação diária? Os tecidos seriam insuficientes para explicar esse fenômeno, e a pele não impede a penetração, porque tem poros. Demais, a ciência nos afirma claramente que, pela combustão interior, o nosso corpo quase se reforma todos os meses.

Tem-se gratuitamente um corpo novo, pois a Natureza é boa mãe e nada faz pagar por essa modificação interna, cujo monopólio lhe pertence. A indústria particular certamente não nos serviria mais em conta.

Uma curiosa observação feita pelo Sr. E. Simon, antigo cônsul, prova que o corpo psíquico pode ser, senão visível, ao menos *aparente.* Observa-se — diz ele — que as representações da fisionomia humana em mármore, gesso ou cera, são de linhas nítidas e de contornos muito pronunciados. *O mesmo se verifica no rosto de um cadáver.*

A fisionomia de um homem vivo é, pelo contrário, contornada dum modo vaporoso e em certas pessoas parece como que impregnada de luz. Dir-

(*) Leia-se a obra de Delanne: "A Evolução Anímica".

-se-ia uma espécie de amosfera nervosa que revela sua presença e mesmo as suas particularidades.

Esta impressão visual é sensível quando se compara um rosto humano com a sua imagem sobre um espelho.

As experiências de *exteriorização da sensibilidade,* feitas pelo coronel de Rochas, provam de um modo irrefutável a realidade do corpo psíquico. *"Quando a exteriorização se deu a uma certa distância do paciente — diz o Sr. de Rochas —, passando-se a mão no ar e tocando-a com uma agulha, o sensitivo solta um grito."* Experimentou, portanto, uma sensação em certa parte do corpo, perfeitamente invisível, porém *tangível,* pois que é sensível.

À medida que progredirem nas experiências hipnóticas, os experimentadores serão arrastados muito mais longe do que imaginam e descobrirão, talvez, o que não procuram.

Muito inquietos devem estar com esta descoberta do Sr. de Rochas os sábios materialistas que se vangloriavam de nunca terem encontrado a alma com os seus escalpelos. Se, fora do corpo, e sobretudo a uma certa distància, o escalpelo encontra alguma coisa de sensível, está por terra a primeira pedra do edifício materialista, e, no próximo século, dele não mais restará pedra sobre pedra (13).

A certa distância do *sensitivo* forma-se um invólucro invisível, que não é o corpo, mas sensível como ele, e que é ligado fluìdicamente ao corpo material. O Sr. de Rochas classifica suas experiências como *exteriorização da sensibilidade;* porque, para fazer admitir uma coisa tão extraordinária, é preciso não chocar muito os preconceitos do mundo científico. Fêz experiências com um *sensitivo normal, em perfeito estado de saúde,* e não com doentes ou loucos, como muitos hipnotizadores. E' sob a influência de passes magnéticos que

(13) No jornal "L'Initiation", de Maio 1893, encontrar-se-ão curiosas experiências do coronel de Rochas.

esse invólucro invisível se dilata tomando nova forma fora do *sensitivo,* desde que este cai em letargia. Para todos aqueles que entendem de ocultismo, torna-se evidente que é o corpo psíquico (corpo astral ou perispírito, pouco importa o termo) do médium que se desprende, como na materialização e nos casos de desdobramento, de que adiante falarei. Disse o professor Elliott Cowes, em Chicago, 1889: "Estudei todos os fenômenos chamados espiritualistas ou espíritas. Que se deve concluir deles? Nada, se não se partir de um fato *primordial:* que existem um corpo material e um corpo astral (ou psíquico), e que os dois corpos se separam às vezes um do outro, mesmo durante a vida."

A religião católica estaria em contradição consigo mesma se não admitisse o corpo psíquico, pois, segundo o dogma da Trindade, Deus é tríplice e uno. Ora, tendo Deus feito o homem à sua imagem, conforme reza a Bíblia, deve este ser tríplice e uno, isto é, composto dum corpo, duma alma (corpo psíquico) e dum espírito (emanação de Deus). De mais, S. Paulo afirma a realidade do corpo psíquico. "Há, diz ele, um corpo de essência espiritual, não o que perece no momento da morte, mas o que perdura."

Filoponus, autor cristão, escreve que:

"A alma apenas se separa do corpo grosseiro, ficando, porém, sempre unida a um corpo espiritual ou aéreo, no qual e pelo qual atua.

"O corpo espiritual é composto de quatro elementos e recebe o seu nome das partes predominantes do ar, do mesmo modo que o nosso corpo grosseiro é chamado terrestre em virtude do elemento que nele prepondera."

Outro autor cristão, Santo Irineu, diz que "A alma tem órgãos como o corpo e é a imagem exata dele."

Na Cabala judaica vemos que o homem é composto de três partes: *nephesch,* o corpo; *ruach,* o corpo astral; *neschamah,* o espírito. Todas as religiões orientais tiveram a intuição do corpo psíquico, que nelas se encontra sob diversos nomes.

Os antigos conheciam perfeitamente o corpo psíquico. Os platonianos denominavam-no *okhêma* (veículo). Diz a esse respeito o Dr. Henry Moore: "O veículo astral da alma é de tal modo tênue que pode atravessar os poros mais delicados do corpo, tão fàcilmente como a luz passa através do vidro ou o raio atravessa a bainha duma espada sem despedaçá-la nem riscá-la."

"A alma — diz Porfírio — está sempre revestida de um certo corpo, mais ou menos puro, adaptado à sua disposição atual."

Em nossos dias, um positivista, discípulo de Augusto Comte, o Sr. Benjamim d'Assier, foi obrigado a reconhecer a realidade do corpo psíquico, de cuja existência apresenta numerosas provas no seu livro *A Humanidade Póstuma.* Diz ele que o liame dos dois organismos é uma rede vascular invisível; mas, ao contrário dos espiritualistas e dos espíritas, pensa que, depois da morte, esse corpo fluídico ou psíquico se dissolve lentamente. Seria uma segunda morte, muito mais desagradável que a outra; felizmente, porém, esta teoria não se baseia em qualquer espécie de provas.

E' possível e mesmo provável que esse invólucro fluídico possa sofrer transformações, como tudo quanto existe na Natureza; porém, disso, a ser destruído, a distância é grande. O corpo material é apenas o instrumento ao agente desse corpo de essência espiritual. A consciência e a individualidade pertencem ao corpo psíquico e se exteriorizam com ele no que se chama o *duplo* das pessoas, fato de que encontramos tantos exemplos no livro intitulado *Phantasms of the Living* (Fantasmas dos vivos) dos Srs. Gurney e F. H. Myers.

Esse *duplo* pode destacar-se, quer durante o

sono, quer no estado de vigília, deixando o corpo material numa espécie de vida puramente animal.

Evidentemente, esses casos não são frequentes, sem o que teríamos uma parte de nós mesmos em contínua vagabundagem, e a nossa existência pareceria um grande livro, em parte dupla. Procurando em França ou no estrangeiro, com a paciência e o cuidado que nesse trabalho empregaram os Srs. Gurney e F.-H. Myers, julgo que se encontrariam, pelo menos, tantos casos quantos os constatados na Inglaterra.

E' evidente que os cépticos considerarão esses casos como fábulas, ou apelarão ainda uma vez para a alucinação, a eterna explicação das suas teorias. Mas, para todas as pessoas sem preconceitos, esses casos provam a existência do corpo psíquico que se exterioriza.

A propósito das suas experiências de exteriorização, o Sr. de Rochas termina o seu artigo por estas linhas características:

"Parece que tais fatos deveriam abalar as teorias oficiais. Por muito tempo ainda, não se dará isso. A muitas pessoas, mesmo das mais inteligentes, a educação adaptou antolhos, como se faz aos cavalos de carro, tornando-as assim incapazes de ver qualquer coisa além do estreito caminho em que enveredaram."

CAPÍTULO II

OS FENÔMENOS PSÍQUICOS DA MORTE

Quem já não pensou uma vez na morte, se não com temor, ao menos com melancolia? Revolta-nos essa destruição do nosso ser físico, e muitas vezes, pensando nela, sentem-se os enfermos dominados por um terror sombrio.

Lastimo sinceramente aqueles que pensam ser a morte o fim de tudo: ostentando embora o seu pretenso estoicismo, todos eles tremem sob a máscara da impassibilidade. Mais felizes são os espiritualistas, qualquer que seja o seu credo; porque, para eles, a morte é, por assim dizer, apenas um túnel a passar, — alguns momentos na sombra ou talvez no sonho, para depois voltar à luz e a uma nova vida.

Os materialistas não crêem nessa outra vida, e dão-se mesmo a enorme trabalho para demonstrar que a matéria não morre, porém que a inteligência desaparece e é aniquilada.

Com isso, porém, apenas conseguem demonstrar-nos uma coisa — o nada das suas próprias negações.

O americano Andrew Jackson Davis, dotado de poderosos dons psíquicos e duma espécie de segunda visão, que os americanos denominam *clarividência,* escreveu sobre a morte um livro tanto mais curioso quanto Davis possuía conhecimentos médicos.

Eis alguns extratos do seu livro.

"A morte é uma modificação — não da personalidade, porém da constituição dos princípios elevados do ser humano.

"Tudo quanto vive se transforma, e *cada transformação é acompanhada duma morte aparente;* nunca, porém, há extinção de vida ou destruição dum princípio material ou espiritual no Universo. Assim se modifica e se desenvolve um gérmen qualquer, oculto na terra; *morrem* sua forma primitiva e seu modo de existência aparente; porém, depois dessa morte aparente, brota do gérmen uma nova organização ou um novo corpo.

"As minhas faculdades de vidente — diz Davis — permitiram-me estudar o fenômeno psíquico e fisiológico da morte à cabeceira duma agonizante.

"Era uma senhora de cerca de sessenta anos, a quem frequentemente eu prestara cuidados médicos.

"Quando soou a hora da morte, achava-me eu, felizmente, em perfeito estado de saúde, o que permitia o pleno exercício das minhas faculdades de vidência.

"Coloquei-me de modo a não ser visto ou interrompido nas minhas observações psíquicas, e pus-me a estudar os misteriosos processos da morte.

"Vi que a organização física não podia mais bastar às necessidades do princípio intelectual; diversos órgãos internos pareciam, porém, resistir à partida da alma. O sistema muscular procurava reter as forças motrizes. O sistema vascular debatia-se para reter o princípio vital; o sistema nervoso lutava quanto podia para impedir o aniquilamento dos sentidos físicos, e o sistema cerebral procurava reter o princípio intelectual. O corpo e a alma, como dois esposos, resistiam à separação absoluta. Esses conflitos internos pareciam a princípio produzir sensações penosas e perturbadoras. Foi com satisfação que percebi que tais manifestações físicas indicavam — não a dor ou o *sofrimento,* porém apenas a separação da alma e do organismo.

"Pouco depois, a cabeça ficou cercada duma atmosfera brilhante; em seguida, de repente, vi o cérebro e o cerebelo estenderem suas partes interiores e suspenderem o exercício de suas funções galvânicas, tornando-se saturados de princípios vitais de eletricidade e magnetismo, que penetravam nas partes secundárias do corpo.

"Por outras palavras, o cérebro tornou-se dez vezes mais preponderante do que era no estado normal.

"Esse fenômeno precede invariàvelmente a dissolução física.

"Constatei depois o processo por meio do qual a alma ou o espírito se destaca do corpo. O cérebro atraiu os elementos de eletricidade, magnetismo, movimento, vida e sensibilidade espalhados em todo o organismo. A cabeça como que se iluminou, e observei que, ao mesmo tempo que as extremidades do corpo se tornavam frias e obscuras, *o cérebro tomava um brilho particular.*

"Em torno dessa atmosfera fluídica que cercava a cabeça *vi formar-se outra cabeça,* que se desenhou cada vez mais nìtidamente. Tão brilhante era que eu mal podia fitá-la; à medida, porém, que ela se condensava, desaparecia a atmosfera brilhante. Deduzi daí que esses princípios fluídicos, que tinham sido atraídos pelo cérebro, de todas as partes do corpo, e então eram eliminados sob a forma de atmosfera particular, antes se achavam sòlidamente unidos, segundo o princípio superior de afinidade do Universo, que se faz sempre sentir em cada parcela de matéria.

"Com surpresa e admiração, segui as fases do fenômeno.

"Do mesmo modo por que a cabeça fluídica se desprendera do cérebro, vi formarem-se sucessivamente o pescoço, os ombros, o tronco, e enfim o conjunto do corpo fluídico. Tornou-se evidente para mim que as partes intelectuais do ser humano são dotadas duma afinidade eletiva que lhes permite reunirem-se no momento da morte. As deformidades e os defeitos do corpo físico tinham quase inteiramente desaparecido do corpo fluídico.

"Enquanto esse fenômeno espiritualista se desenvolvia diante das minhas faculdades particulares, aos olhos materiais das pessoas presentes no quarto, o corpo da agonizante parecia experimentar sintomas de sofrimento, os quais eram fictícios, pois apenas provinham da partida das forças vitais e intelectuais, que se retiravam de todo o corpo para se concentrarem no cérebro e depois no organismo novo.

"O Espírito (ou inteligência desencarnada) elevou-se verticalmente acima da cabeça do corpo abandonado; porém, antes da separação final do laço que por tanto tempo reuniu as partes intelectuais e materiais, vi uma corrente de eletricidade vital formar-se sobre a cabeça da agonizante e sob o novo corpo fluídico.

"Deu-me isto a convicção de que a morte é apenas um renascimento da alma ou do Espírito, que se eleva dum grau inferior a um estado superior, e que o nascimento duma criança neste mundo e a formação dum Espírito no outro são fatos idênticos; nada realmente faltava, no fato que eu observava, para que o símile fôsse completo, nem mesmo o *cordão umbilical, que era figurado por um laço de eletricidade vital.* Por algum tempo subsistiu esse laço entre os dois organismos.

"Descobri então (o que não notara ainda nas minhas investigações psíquicas) que pequena parte do fluido vital voltava ao corpo material, logo que o cordão ou liame elétrico se quebrava.

"Este elemento fluídico ou elétrico, espalhando-se por todo o organismo, impedia a dissolução imediata do corpo.

"*Não é prudente enterrar o corpo antes de começar a decomposição.* Muitas vezes, antes da inumação, o cordão umbilical fluídico de que falei ainda não está quebrado. E' por isso que pessoas que parecem mortas voltam à vida no fim de um ou dois dias, narrando as sensações que experimentaram. Esse estado foi denominado letargia, catalepsia, etc.

"Quando, porém, o Espírito é detido no momento em que deixa o corpo, raramente se recorda do que se passou. Este estado de inconsciência pode parecer semelhante ao aniquilamento, quando observado superficialmente, e muitas vezes se recorre ao argumento que resulta dessa como que obliteração momentânea da memória para negar a imortalidade da alma.

"Logo que se desprendeu dos laços tenazes do corpo a alma da pessoa que eu observava, constatei que o seu novo organismo fluídico era apropriado ao seu novo estado, mas que o conjunto se assemelhava à sua aparência terrestre. Não pude saber o que se passava nessa inteligência que *revivia;* observei, porém, a sua calma e *a profunda admiração que lhe causava a dor daqueles que choravam em volta do seu corpo.*

"Pareceu-me que ela compreendeu, por fim, que essas pessoas ignoravam o que realmente se passara.

"As lágrimas e as lamentações excessivas dos parentes e amigos só provêm do ponto de vista falso em que se coloca a maioria dos homens, isto é, da crença materialista de que tudo finaliza com a morte do corpo.

"Pelas minhas experiências, posso afirmar que, quando a pessoa morre naturalmente, nenhuma sensação penosa experimenta a alma.

"O período de transformação que acabo de descrever dura *cerca de duas horas,* tempo que não é o mesmo para todos os entes humanos. Se pudésseis ver com os olhos psíquicos, perceberíeis perto do corpo rígido uma forma fluídica com a mesma aparência do ente humano que acaba de morrer, porém essa forma é mais bela e está como que animada duma vida mais elevada."

Quer acreditem, quer não, nesta curiosa narrativa, nem por isso deixará ela de impressionar. A grande massa dos cépticos encolherá os ombros, com o que já contava Davis, o qual dizia que os materialistas veriam em suas observações as alucinações metódicas de um cérebro superexcitado.

Não esqueçamos, porém, que Davis afirma ter feito a sua experiência *em estado de perfeita saúde;* além de que, os ingleses e os americanos sempre fizeram justiça à sua alta inteligência.

Os sábios poderão considerar essas observações psíquicas como fantasias ou pronunciar pela milésima primeira vez a palavra alucinação, velha chapa que tem sido tão útil aos materialistas como a lança de Aquiles aos deputados novéis, necessitados de metáforas.

Em 1891, o *Figaro* publicou curiosa experiência de hipnotismo, que de algum modo se relaciona com as observações de Davis.

O pintor belga Wiertz, que era um *sensitivo* de primeira ordem, obteve permissão para ocultar-se sob a guilhotina (com o seu amigo Dr. D.) no dia da execução dum condenado. O Dr. D. adormeceu o pintor, e disse-lhe que se identificasse com o criminoso e seguisse todos os seus pensamentos e sensações antes e depois da decapitação.

Antes, experimentou e referiu Wiertz as angústias do supliciado.

Depois, exclamou: "Voo no espaço, mas... estarei morto? estará tudo acabado? Não; o sofrimento não pode durar sempre. Deus é misericordioso.

"Tudo quanto pertence à Terra se oblitera. Oh! como se está bem nas alturas!"

Não seria possível renovar a experiência, mas de um modo menos sinistro? Trate-se de introduzir um sensitivo em profundo estado de hipnose no quarto de um moribundo, se nisto concordarem os parentes deste; ou, então, opere-se numa sala ou num quarto duma casa de saúde ou dum hospital no momento em que se souber que um doente está moribundo ou em estado de agonia. Talvez se obtenham assim observações que surpreenderão os experimentadores. Certamente os resultados não igualarão os obtidos com um vidente ou psíquico de elevados dotes, mas nem por isso deixa de ser vasto o campo de curiosas experiências que se nos abre assim.

O Sr. J. Brown, inglês australiano de quem já tive ocasião de falar, cita um caso semelhante ao de Davis. Enquanto seu filho morria, sua filha, que então contava dezesseis anos, ao lado do leito do moribundo, descrevia a seu pai a separação entre a alma e o corpo, pouco mais ou menos como a descreveu Davis, cujo livro ela não lera, afirma o Sr. Brown. "Seria possível que minha filha procurasse enganar-nos em semelhante ocasião? E eu que lucraria, porventura, em contar uma mentira?"

O Dr. Ciriax fêz ùltimamente em Berlim uma publicação sobre a morte. Eis, em resumo, o que ele diz:

"O modo por que a morte é descrita por centenas de videntes prova que a alma (ou o Espírito) sai do corpo pelo crânio. Notaram esses videntes que, logo após esta saída, uma nuvem vaporosa se eleva acima da cabeça, e, tomando a forma humana, se condensa pouco a pouco, assemelhando-se cada vez mais à pessoa morta. Mesmo depois de formado, esse corpo psíquico se conserva ligado por algum tempo ao despojo mortal por um laço fluídico que parte da região intermediária entre o coração e o cérebro. A morte por si mesma nada é, mas há dificuldades a vencer para se morrer, como as há igualmente para nascer.

"Algumas pessoas têm a sensação da sua morte, outras não na têm ou muito pouco a experimentam. Para o maior número dos homens, a morte é como um sonho produzido por narcóticos. Eis porque, desde que despertam em outro mundo, não sabem mais onde se acham. Morrendo, o ser humano não se torna *melhor nem pior;* é simplesmente uma evolução superior que decorre de leis primordiais" (14).

Eis o que diz o Dr. Carl du Prel, de Munique: "A morte extingue o corpo material e desperta o corpo astral (ou psíquico). Entre os gauleses, os druidas afirmavam que a alma se revestia *de um corpo novo."*

Em 1890, dizia o professor F. H. Myers: "Não se pode mais permitir que a Ciência ignore o problema da segunda vida, e que a Filosofia pretenda resolvê-lo. O que se deve procurar hoje são provas, imparcialmente colhidas, da sobrevivência do homem após a morte, do mesmo modo que se estudaram as opiniões segundo as quais o homem podia até certo ponto descender de outro animal." Um trabalho desta natureza foi lido pelo Sr. Myers, no Congresso Psíquico de Chicago. Por ora, a grande maioria dos indiferentes põe de lado a questão, porque esses indiferentes estão absorvidos na luta pela vida ou porque, cansados de meditar sobre *o além* e baldos de provas que lhes pareçam suficientes, se resignam a pôr um termo qualquer às suas pesquisas.

Os mais felizes são os que têm tido essas provas, mas nem a todos é dado obtê-las, ao menos por ora. Mais tarde, à medida que a ciência psíquica progredir, essas provas se tornarão cada vez mais evidentes e não mais poderão ser discutidas.

---

(14) Diversos desencarnados fizeram esta curiosa declaração:

"As sepulturas que tanto vos impressionam não são, para nós, mais que os armários onde se acham os nossos velhos trajos."

A morte não mais será então um espantalho, e quem sabe se, em vez de lamentar, não se festejará a libertação do pobre encarnado?

Depois de ter reconhecido a evolução material, reconhecer-se-á a evolução intelectual ou psíquica, corolária daquela.

A vida futura é um fato estritamente de acordo com o princípio de continuidade, que tem sido a base e o guia de todo o progresso científico moderno. A indestrutibilidade da inteligência é tão certa como a da matéria. Seria absolutamente ilógico supor que possam persistir as partes mais vulgares, perecendo as mais elevadas (15). Plínio declara que a morte é o melhor momento da vida, o que é um pouco paradoxal ou talvez muito profundo. Em todo o caso, prefiro o que a esse respeito pensava o meu confrade Albert Delpit:

"A vida é um sonho penoso,
Do qual nos desperta a morte.

Poesia! — dirão. — Intuição ou pressentimento! — responderei.

---

(15) Quanto a crer, como certos materialistas, que a inteligência não perece, e sim desintegra-se como a matéria, isso me parece inadmissível, porque é a negação da individualidade.

CAPÍTULO III

FANTASMAS DOS VIVOS E DOS MORTOS

As histórias de fantasmas têm sido sempre consideradas como coisas ridículas ou pueris. A imaginação, a moléstia, a fraude, os gracejos de mau gosto, tudo se alegou para explicar um fenômeno tão real e tão frequente, do qual se encontram traços na história de todos os povos, mesmo dos mais civilizados.

Segundo a tradição popular, os fantasmas desaparecem com o dia, do qual fogem como simples corvos. Veremos como é falsa semelhante asserção, pois em muitos casos os fantasmas aparecem em pleno dia.

A Sociedade de Pesquisas Psíquicas de Londres desfechou terrível golpe nessa tradição popular, colecionando um número enorme de aparições de fantasmas, confirmadas de modo indiscutível por testemunhos e contra-testemunhos. Esse trabalho foi publicado com o título *Phantasms of the Living* (Fantasmas dos Vivos) e traduzido para o francês com o título desnaturado de *Les Hallucinations Télépathiques*. A razão do disfarce se encontra no notável prefácio que o Dr. Charles Richet escreveu para esse livro do qual vou citar alguns trechos sugestivos: "Existem verdades novas, que, por mais estranhas que pareçam à rotina, serão um dia cientìficamente demonstradas. Esses fenômenos são difíceis de admitir, porque tememos tudo o que é novo, porque não queremos ser tirados da indolência por uma revolução científica que perturbaria as ideias banais e os dados oficiais."

A ciência oficial de nossa época está sendo batida pelo movimento espiritualista que se manifesta em toda a parte; já não sabe que fazer, e no seu desespero se apega à rotina, que adora com fervor.

"Dentro de quatro séculos, em 2.290 — diz Charles Richet — os nossos bisnetos pasmarão de nossa ignorância e ainda mais da nossa presunção em negar sem exame o que não compreendemos. *Esta é a primeira vez que se ousa estudar cientìficamente o que acontece depois da morte. Quem, pois, ousará dizer, sem ter lido este livro, que isso é uma loucura?"*

Recomendo a leitura desse curioso livro, de que nos deram apenas um resumo, a toda pessoa não adstrita à rotina oficial. Ver-se-á então que muitas vezes *os vivos aparecem como os mortos.* Eis alguns exemplos:

1.° — A Sra. Parker, de Brighton, vê perto de seu marido uma pessoa que lhe fala. No mesmo instante, o Dr. Parker experimenta a sensação de achar-se perto de um cliente. *As duas narrativas são absolutamente concordantes;* é o que torna o caso tão notável.

2.° — A Sra. Maberly e uma amiga vêem um cavalheiro entrar no seu jardim; *ambos* o reconhecem e o *saúdam* (detalhe característico), mas em vão esperam que ele entre. Souberam depois que esse cavalheiro estivera para ir visitá-los, sendo, porém, impedido de o fazer.

E' inadmissível que as duas senhoras estivessem alucinadas ao mesmo tempo, reconhecendo ambas a mesma pessoa no mesmo momento.

3.° — O Sr. Jervors vê um amigo andar à frente de sua casa. Como ele olhasse para a janela, o Sr. Jervors acenou-lhe com a mão. Tendo saído para se encontrar com o seu amigo, ficou muito admirado de não o ver mais. *Esse amigo achava-se muito doente, e não tinha saído da sua residência.*

4.° — A esposa do Dr. Buchanan e três outras senhoras vêem miss W. abrir a porta da casa e entrar no vestíbulo. Mais tarde, essas senhoras souberam que miss W. esperava nesse momento o carro que devia conduzi-la; *achava-se trajada exatamente como a tinham visto.*

Desta vez não são duas, porém *quatro pessoas que vêem o fantasma ao mesmo tempo, e vestido como o seu duplo vivo.*

Eu poderia citar muitos casos do mesmo gênero, provando que o corpo psíquico de um ser humano pode exteriorizar-se em certas circunstâncias. São muito curiosos os casos, em número de mil e quinhentos, coligidos pela Sociedade de Pesquisas Psíquicas.

O Professor F. H. Myers, um dos autores do livro *Phantasms of the Living,* publicou, nos boletins da Sociedade de Pesquisas Psíquicas, dois artigos que são corolários das suas interessantes indagações: um versando sobre as aparições reconhecidas há mais de um ano depois da morte, — o outro sobre indicações de conhecimentos terrestres por parte dos fantasmas dos mortos. No seu primeiro artigo, o Sr. Myers observa que essas aparições são cada vez mais raras, à medida que se vai tornando remota a época da morte.

Pela minha parte, creio que quanto mais se afasta da Terra o ser desencarnado, tanto mais deve perder a lembrança do que nela fêz, ou, pelo menos, interessar-se muito pouco por isso. Se quiserdes ter uma sensação provável do que se deve passar quando a alma, separada do corpo, se eleva no espaço, tomai um balão, mesmo cativo; à medida que vos afastardes da Terra, sentir-vos-eis alheios às suas preocupações. Mesmo a duzentos metros de altura, os homens parecem formigas. Como vos devem ser indiferentes, quando vos achardes a centenas ou milhares de léguas! O espaço é a sede das almas desencarnadas! Afirma-o a teoria espírita, e ela nada tem de improvável, pois o espaço é evidentemente tão povoado de seres vivos como a água o é de infusórios que não vemos, mas que nem por isso deixam de existir. Um escritor inglês tem mesmo uma opinião bastante original, que não é inadmissível a respeito do espaço: diz que *a nossa noção do infinito é talvez errônea, e que as linhas que supomos retas são talvez curvas.*

Em apoio desta curiosa hipótese pode-se observar que uma bola que se lança ou uma bala que se atira não seguem uma linha reta, porém uma curva, às vezes não muito perceptível, apesar de ser real. Uma estrada que se supõe traçada em linha reta é realmente curva, porque a Terra é redonda. Todo o movimento dos planetas se faz por linhas curvas, e provàvelmente era pelo fato de ser o círculo a forma perfeita por excelência que os antigos representavam o infinito por uma serpente curvada em círculo.

Voltemos ao Sr. Myers. No seu segundo artigo, apresenta curiosas observações sobre as *aparições verídicas,* das quais teve muitas provas, *e que não denomina alucinações.*

"O que quer que seja um fantasma, — diz ele — é um dos fenômenos mais complexos da Natureza; julga-se, porém, no dever de encarar de frente as enormes dificuldades provenientes da ideia das relações entre as inteligências encarnadas e as desencarnadas.

"Não temos — continua ele — senão fragmentos de indicações sobre este assunto, os quais, entretanto, são bastante curiosos.

"Até que ponto os fantasmas dos mortos indicam um conhecimento de fatos terrestres, que ignoravam por ocasião da sua existência na Terra?"

O Sr. Myers responde a esta pergunta fornecendo grande cópia de casos em apoio de suas pesquisas:

"1.º — Os casos em que o fantasma não dá indicação alguma de saber ou de ignorar o que se tem passado na Terra depois da sua morte;

"2.º — O fantasma indica, em graus diferentes, conhecimento do que tem acontecido na Terra, desde a repetição de alguma cena que de perto seguiu a sua morte até a compreensão de circunstâncias complexas e mesmo até a previsão de acontecimentos futuros."

Os casos citados pelo Sr. Myers são tanto mais interessantes quanto as pessoas que viram as aparições nunca tiveram a menor alucinação nem mesmo são espíritas; dois maus pretextos de que geralmente se servem os cépticos para explicar o que lhes parece sobrenatural e que realmente é apenas anormal, embora muito natural, pois têm surgido aparições em todos os países e em todos os tempos.

Eis um caso, entre cem:

Em 1889, lady Gore descia uma escada da sua casa em companhia de seu irmão mais novo, quando este, que ia adiante, exclamou: "Olha, ali está John Blancy" (era um mancebo que residia perto e que fora antes empregado de lady Gore.) Tendo esta senhora indagado da sua criada com que fim J. Blancy viera procurá-la, respondeu ela com surpresa: *"Ignorais que ele morreu esta manhã?"*

Mais tarde lady Gore soube que J. Blancy morrera cerca de duas horas antes do momento em que seu irmão o vira. *Esse irmão era um rapaz despido de fantasias e jamais tivera uma alucinação.* Observa o Sr. Myers que, a não se explicar essa aparição por uma impressão telepática projetada no momento da morte, é natural pensar que alguma coisa do morto ou dele proveniente voltou ao lugar onde por tanto tempo servira. A explicação mais curial é que o corpo psíquico de Blancy depressa se desprendeu do seu corpo material, voltando ao lugar em que por muito tempo vivera.

A telepatia pode produzir muitos fenômenos, mas apenas creio nos seus efeitos entre pessoas vivas.

Outro caso: O Sr. W. Quint, que a Sociedade de Pesquisas Psíquicas considerou digno de fé, constatou o fato seguinte: Em 1891, não pudera ir ao enterro do irmão de sua mulher. Tendo dito a esta que vira seu irmão Frank vestido com uma grossa camisa, a Sra. Quint o informou de que seu irmão fora assim enterrado, *o que o Sr. Quint ignorava completamente.*

Um dia, visitando um amigo que conhecia há pouco, o Sr. Quint viu repentinamente aparecerem, num canto do aposento, três figuras que descreveu ao seu amigo; este reconheceu nelas sua mulher, sua filha e sua mãe, que o Sr. Quint nenhuma vez vira enquanto elas viviam.

Certas aparições, diz o professor Myers, precedem quase sempre a notícia da morte ou a carta que a transmite.

Vejamos agora a opinião do professor Elliott Cowes, que presidiu o Congresso Psíquico de Chicago: "Não creio na aparição de fantasmas, na acepção popular do termo, porque ela se acha muito longe da concepção científica de uma aparição. Segundo as minhas próprias observações, penso que certas pessoas mortas se podem tornar perceptíveis à nossa vista, mas sòmente para fins determinados. A história religiosa e a história geral registam inúmeros casos dessa natureza. Creio nos fantasmas, porque existe em nós uma individualidade interior, de que nem sempre temos consciência: essa individualidade, a que chamarei alma, porque é o nome mais usado, muito pouco sofre, ou absolutamente não sofre a influência do meio físico que a rodeia. Parece não estar sujeita à lei da gravitação, que sabemos ser universal no mundo físico: a sua existência não depende do corpo que ela habita, pois que não lhe afetam as combinações químicas que formaram nosso corpo. Nada se opõe à crença de que a alma haja existido antes do corpo que ela habita, e *a priori* não há razão para negar que ela possa sobreviver à dissolução do corpo. A questão de saber se a alma pode manifestar-se depois da morte depende de provas; *elas são numerosas, concludentes* e, segundo as leis ordinárias dos testemunhos humanos, bastariam para atestar os fatos perante qualquer tribunal.

"Tão numerosos têm sido os casos de aparição depois da morte, examinados em todos os sentidos (com a confirmação de diversas testemunhas) pelas sociedades de pesquisas psíquicas da América e da Inglaterra, que, a meu ver, a realidade das aparições se acha estabelecida de um modo positivo.

"Agora, que diferença existe entre os fantasmas das lendas e os fantasmas reais? Pondo de parte as simples alucinações subjetivas, que formam a maior parte dos fantasmas populares (16), creio que as verdadeiras aparições *post mortem* provêm do corpo psíquico dos defuntos, os quais conservam a sua consciência do mesmo modo que o corpo físico conserva a sua vitalidade.

"Assim como com os olhos materiais só vemos os corpos dos nossos semelhantes, o corpo psíquico só pode ser visto pelo sentido psíquico de certas pessoas.

"Só raramente se manifestando esse sentido particular entre os seres encarnados, as verdadeiras aparições são muito raras, e é por isso que tantas pessoas as negam.

"Muitas vezes, antes de uma aparição, algumas pessoas têm dito que experimentam uma sensação de frio. Esse abaixamento de temperatura é um sintoma do seu estado magnético, durante o qual o sentido psíquico é desenvolvido de modo a perceber dum modo consciente uma coisa ordinàriamente invisível.

---

(16) Não aceito inteiramente esta opinião, porque não vejo razão para que os fantasmas populares não sejam objetivos, como os outros, salvo algumas exceções.

"Os nossos sentidos materiais só vêem as formas tangíveis da matéria; sabemos, entretanto, que existem outras mais rarefeitas e menos perceptíveis. São esses elementos de matéria sutil que, muito provàvelmente, compõem o corpo psíquico.

"Ao contrário das experiências da ciência física, as experiências psíquicas não podem ser produzidas voluntàriamente, e portanto escapam aos processos habituais de verificação."

A realidade dos fantasmas não sofre mais dúvida para os pesquisadores sérios, e entretanto esse nome de fantasma faz sorrir todo materialista que se respeita; tudo o que ele se digna conceder-vos é que esses fatos são apenas alucinações.

Eis o que a esse propósito diz o Sr. Guymiot — um ocultista que é também humorista:

"Se os que não vêem os objetos normalmente invisíveis admitissem que percebem objetos reais aqueles que os vêem, confessariam *ipso facto* que a sua visão é imperfeita, o que de nenhum modo podem admitir.

"Para eles, é evidente que têm o organismo desequilibrado todos os que vêem coisas imperceptíveis à vista ordinária. Que restava fazer?

"Achar um nome, para designar esse desequilíbrio ou essa moléstia. Encontrou-se o termo *alucinação,* e o caso ficou arranjado. Os videntes ou sensitivos devem considerar-se doentes ou deserdados da Natureza e reconhecer que toda a sua utilidade social se limita a fornecer os meios de ganhar a vida a pessoas que têm a vantagem de perceber apenas os objetos visíveis e que se arrogam ainda com o direito de curar o gênero humano de moléstias que não tem.

"Os fenômenos de visão, percebidos por aqueles a quem se chama alucinados, são fatos; ora, um fato de visão não pode existir sem duas condições: o aparelho de visão e o objeto percebido. Se o aparelho funcionar regularmente (o que é fácil de constatar), é evidente que deve funcionar não menos regularmente se, ao lado dos objetos invisíveis, percebe os visíveis, da mesma forma que as outras pessoas. Porque o funcionamento seria regular num caso e irregular em outro? A única razão que se pode dar é o amor-próprio das pessoas de visão ordinária. Se o vidente ou sensitivo percebe objetos invisíveis aos outros, é que o seu aparelho visual é sensível a certos estados de vibração luminosa, aos quais são insensíveis os olhos do comum dos homens."

E' tempo de acabar com esse termo *alucinação*, que em rigor se pode aplicar a aberrações dos sentidos verificados em doentes, histéricos ou loucos, mas que não tem sentido quando se trata de pessoas no *estado normal, de perfeita saúde,* sem nunca terem tido a sombra duma alucinação. Quando uma dessas pessoas tem uma aparição corroborada por fatos e testemunhas concordantes, trata-se de um fenômeno exato, que é necessário explicar de outro modo. Recorreu-se à telepatia; mas, disse o professor F. Myers, *essa explicação é insuficiente em muitos casos.*

Quando um indivíduo vê aparecer uma pessoa a quem conheceu em vida, pode-se supor que é uma visão subjetiva; mas, no livro de Oxon e no *Fantasmas dos vivos,* há centenas de casos em que indivíduos (homens ou mulheres) vêem o fantasma duma pessoa que nunca viram nem conheceram, e com todos os detalhes característicos da pessoa morta.

Na tradução do *Phantasms of the Living* esses casos denominam-se *alucinações verídicas,* dois termos incompatíveis; pois, segundo os sábios, numa alucinação só se vê o que não existe: tomam-se bexigas por bicos de gás, pimenta por açúcar, um imbecil por um homem de espírito, etc. Em resumo: sendo a alucinação uma impressão essencialmente falsa, não pode lògicamente ser verídica. Tanto valeria dizer que uma coisa pode ser ao mesmo tempo branca e negra, ou falar-se de um moribundo em perfeito estado de saúde. Seria infinitamente mais exato designar esse gênero de fenômenos sob o nome de *visões* ou *aparições verídicas*. E' tão justo que, no artigo sobre os *Fantasmas dos mortos* (1890), Sr. F. H. Myers diz o seguinte:

"Creio que o mundo se convencerá ulteriormente das *aparições verídicas,* como se convenceu da existência dos meteoritos. Negava-se com desprezo a existência destes, enquanto o maravilhoso fenômeno era apoiado sòmente pelas tradições antigas e pelas histórias dos camponeses. Chegou depois o momento (como aquele em que nos achamos) em que os pesquisadores se asseguraram da realidade do fato, e desde então se aceitou o fenômeno como extraordinário, porém inegável."

"Quanto à explicação telepática dos fenômenos, eis o que diz o Sr. F. H. Myers: "Começamos a perceber quanto as nossas provas de telepatia entre os vivos são ligadas com a telepatia entre os vivos e os mortos, mas receamos ocupar-nos delas com receio de ser acusados de *misticismo.*" E' o que acontece em Paris, onde qualquer pessoa que se ocupa de questões não sobrenaturais, porém *supranormais,* passa logo por ser uma personalidade mística, que vive antes contemplando os anjos do céu que os da Terra. Isto é evidentemente um mal no ponto de vista mundano. O Sr. F. Myers acrescenta estas linhas características: "Parece-me pouco razoável considerar a telepatia como a única explicação possível dos *Fantasmas dos mortos.* O Sr. Podmore recorre à telepatia, e tira daí conclusões hipotéticas, que a experiência não permite admitir."

Desde a morte de Gurney (uma alta inteligência), o professor F. H. Myers é o único a se ocupar desses estudos sobre os fantasmas e as aparições antes e depois da morte, e caber-lhe-á a glória de haver, com o seu amigo Dr. Gurney, provado, tão cientìficamente como é possível, a realidade dos fantasmas, o que os materialistas não querem admitir, pois nada é tão incômodo como um fantasma para as suas teorias caducas. Quanto ao Sr. Podmore, seu ex-associado, deve-lhe ser censurado o ter procurado demolir com as suas próprias mãos o monumento psíquico para o qual tinha trabalhado com os seus dois amigos. Num artigo em que ele expunha o seu modo de ver pessoal sobre os fantasmas dos mortos, apenas encontrei uma série de incongruências, que o Sr. P. H. Myers não teve dificuldade em refutar vitoriosamente em um segundo artigo que acompanhava *pari-passu* o outro. Isso prova que, para este livro, o Sr. Podmore foi apenas a mosca do coche.

Tratando-se de fantasmas — diz Oxon (S. Moses) —, o primeiro caso prova pouca coisa, o segundo um pouco mais, o terceiro ainda mais, e assim por diante, e, se a isso experimentadores sérios juntam centenas de casos em que os pretensos mortos demonstram a sua superexistência, vão sempre aumentando as razões que existem para se crer neles.

CAPÍTULO IV

A TELEPLASTIA OU MATERIALIZAÇÃO

I

Estudo de 1858 a 1872

Eis-me chegado aos capítulos mais difíceis e delicados do meu livro.

Como fazer compreender e, sobretudo, admitir fenômenos tão espantosos como os que vou apresentar?

Estamos mergulhados no fantástico, e todos os fatos que vou constatar se acham tão fora das ideias comuns e das coisas conhecidas, que o leitor poderá perguntar a si mesmo se trata com um puro fantasista ou com um amador de paradoxos transcendentes. Não se trata mais de fantasmas como os que os Srs. Gurney e F. Myers estudaram com tanto cuidado e paciência. Agora, encontramo-nos em face de formas *simili-humanas,* que se produzem em condições tais que toda teoria de fraude, prestidigitação ou alucinação se torna insustentável.

São tão numerosos os fatos e tão sérios os testemunhos, que cedo ou tarde a Ciência terá que se ocupar deles. Na América, na Inglaterra, na Alemanha, na Áustria, na Rússia, etc., diversos sábios ou escritores têm estudado esses estranhos fenômenos; mas, em França, quase todos ignoram o que é a materialização.

A nossa educação, as nossas ideias, os nossos preconceitos, tudo nos afasta desses fenômenos que parecem inverossímeis porque são pouco conhecidos.

A rotina é tão cômoda de seguir e os preconceitos são tão difíceis de desenraizar, que geralmente se prefere ficar no que se sabe, quando mesmo se haja de desempenhar o papel do deus *Termo* entre os romanos.

O termo *teleplastia* foi pela primeira vez emgado no *Congresso Psíquico de Chicago.* Foi aplicado pelo professor E. Cowes a uma certa classe de fenômenos até agora designada sob o nome de *materialização.* Esses fenômenos eram bem conhecidos na antiguidade, ao menos pelos *iniciados dos templos* (no Egito, na Caldeia, na Índia, etc.) e mesmo pelos membros da Rosa-Cruz e outras sociedades secretas. Há muito pouco tempo, há trinta trinta ou trinta e cinco anos, foi que se tornou possível a sua reprodução. E porque não antes?

As razões desse fato são muito delicadas, e parece preferível abtermo-nos de explicá-los. Neste momento as condições são favoráveis, mas nada prova que um novo estacionamento não se possa produzir.

Esses curiosos fenômenos não são fáceis de estudar, pois só podem ser obtidos por meio de médiuns especiais, com um organismo de natureza particular. Sendo os seus corpos *físicos* mal ligados aos corpos *psíquicos,* podem separar-se fàcilmente e formar aparições de mortos. Quando uma aparição materializada toma a forma, a fisionomia e mesmo a voz de parentes ou amigos falecidos, sete vezes em doze é o corpo psíquico do médium que se desprende dele; depois, por meio dessa espécie de invólucro semi-material, a inteligência desencarnada, parente ou amigo incorpora-se momentâneamente no corpo psíquico e manifesta-se de um modo visível e tangível, com todos os traços e pontos característicos que permitem a um ser terrestre reconhecê-los. Isto pode parecer inverossímil, impossível, fantasmagórico, e todavia *assim é.*

Filósofos, escritores, sábios, se têm ocupado desses fenômenos, e são dignos de admiração aqueles que, como Crookes, R. Wallace, Oxon, Aksakof, E. Cowes, Bodisco, Hallenbach, Donald, Mac-Nab, etc., têm tido a coragem de afirmar o que observaram.

O que se não deve perder de vista é que *essas formas materializadas* são apenas *simulacros de corpos* e não corpos reais como os nossos; pois, do contrário, não se poderiam dissolver tão fàcilmente. Podemos considerá-los com fantasmas de matéria astral condensada. Ao tato, apresentam em parte as aparências do corpo humano; às vezes, porém, falta-lhes o osso do braço, outras vezes a cabeça está apenas imperfeitamente formada, é só o rosto é visível. Esses fenômenos são de natureza muito complexa e existem neles muitos pontos obscuros. Por muito tempo me conservei incrédulo a respeito deles, tão fabulosos me pareciam; mas, quando se tem, como eu, sob os olhos, tão considerável número de documentos provenientes de sábios como W. Crookes e Russel Wallace (17) ou de pessoas como R. Dale Owen, Aksakof, Barão de Hellenbach e tantos outros artistas, doutores, sacerdotes, professores, não se pode mais conservar dúvidas sobre os fatos, é mister examiná-los e discuti-los de um modo independente. E' importante observar que não se deve imaginar que as formas materializadas, representando parentes ou amigos, são sempre esses parentes ou amigos falecidos que tomaram um corpo qualquer para se mostrarem a nós. Na realidade, o fenômeno é, creio eu, muito mais complicado. Eis os diversos casos que se apresentam:

1.° — A inteligência desencarnada pode ser-

(17) Ambos me permitiram publicar as suas cartas particulares, o que lhes agradeço aqui pùblicamente.

vir-se do corpo físico do médium, para imitar qualquer forma que deseje fazer aparecer. Muitas vezes é apenas uma cabeça ou um busto; outras, é um corpo inteiro, aparecendo, porém, velado e imaterial. São como que *pinturas psíquicas animadas* O olhar é vivo e de expressão inteligente.

2.° — A forma materializada tem todas as aparências do corpo humano; ela é tangível e resistente ao tato, porém impassível como uma estátua. E', por assim dizer, uma *escultura psíquica.*

3.° — A forma materializada tem todas as aparências do corpo humano, sem ter a sua densidade; caminha, fala (às vezes difìcilmente), exprime a alegria e a tristeza, e parece tão viva como um ser humano. *E' a imitação quase completa do corpo humano.* Por inverossímil que pareça, tal fato tem sido constatado tantas vezes e por tanta gente, em todos os países, que é indispensável admiti-lo.

Os incrédulos de todos os gêneros podem sorrir ou encolher os ombros; isso não impedirá que os fatos existam. Nada é mais brutal que um fato, disse Broussais, e todos os curiosos exemplos que vou citar provarão, sem sombra de dúvida, que existe neles coisa diferente da imaginação.

A Ciência diz que a atmosfera contém em dissolução quase todos os elementos da Terra, e que, se os condensarmos, poderão assemelhar-se a esses elementos terrestres, embora existam no estado diluído. Substâncias sólidas mudam-se em vapores, e vapores se transformam em substâncias sólidas. O gelo, por exemplo, muda-se em água, depois em vapor, e recìprocamente. E' o que constitui a base da materialização; ela se manifesta por uma espécie de nuvem que aumenta, e pouco a pouco se condensa, tomando a forma humana. Quando se completa o trabalho da criação, surge diante de vós um *simili de ser humano,* e, segundo a força psíquica que possui ou que lhe pode emprestar o médium, ele se condensa mais ou menos. Se falta a força psíquica, a forma se desmaterializa pouco a pouco e retoma seu primitivo estado nebuloso e etéreo, desaparecendo depois completamente ou por partes. Às vezes o corpo se torna invisível, e só a cabeça fica suspensa no espaço.

E' o fenômeno mais terrìvelmente comovedor que se pode contemplar, e quem quer que teve a felicidade de assistir a uma manifestação desse gênero encontrou aí o seu caminho de Damasco.

Sei perfeitamente que se pode imitar esse fenômeno como todos os outros, e ianques, homens práticos, muito dinheiro têm ganho fazendo falsas materializações com máscaras, barbas postiças e lâmpadas de óleo fosforado. Tanto peixe para as pessoas crédulas que dão o seu dinheiro a esses exploradores de novo gênero! Em regra, essas farsas só se encontram em sessões dadas por médiuns públicos. Tudo se passa na obscuridade, e antes da sessão os falsos médiuns têm o cuidado de fazer os comparsas assinar um compromisso de não mudarem de lugar. Nessas condições pode-se iludir quase impunemente; todavia, se uma pessoa menos crédula quebra o pacto e projeta uma claridade súbita sobre a pretendida forma, vê-se o falso médium nos preparativos do desempenho da comédia, e no dia seguinte só lhe resta desaparecer do país. Tomai as vossas precauções contra os falsos médiuns, como devereis tomá-las contra quem quer que pretenda vender o falso por verdadeiro.

Pelo contrário, quando a experiência se verifica na casa dum particular, com uma fraca luz permitindo ver os assistentes e a forma materializada, ela se apresenta então em condições inolvidáveis àqueles que tiveram o privilégio de ver semelhante fenômeno. Nada tem de miraculoso, mas é absolutamente anormal e se produz raramente.

A materialização é, por assim dizer, uma espécie de *reencarnação momentânea;* a inteligência, alma ou Espírito do morto entra durante algum tempo em uma forma quase material, criada com o corpo psíquico do médium de um lado, e elementos materiais tomados aos assistentes. Por isso, cada sessão de materialização fatiga consideràvelmente os médiuns dessa natureza, pois em cada experiência se esgota sua força vital. Esses médiuns possuem uma espécie de poder psíquico-dinâmico, de que se servem as inteligências superiores que dirigem esses fenômenos. Do mesmo modo que o corpo assimila partículas vitais para conservar a sua estrutura física, o Espírito desencarnado atrai, graças ao médium, as substâncias e as forças necessárias para modelar imagens, esculturas ou formas semi-vivas de seres mortos.

Entretanto, a menor oposição magnética ou uma vontade formalmente contrária podem deter a corrente fluídica e perturbar ou retardar o fenômeno. Os átomos vitais que servem para produzir a materialização são de uma delicadeza e de uma sensibilidade extremas; daí provêm as variações nos resultados. Quando as condições são favoráveis, a forma completa se manifesta; quando as condições são imperfeitas, só se obtêm resultados parciais e incompletos.

E' um processo de formação fluídica extremamente delicado e, se por qualquer motivo é interrompido, dá-se o que se daria com um fotógrafo ou um químico, caso se lhes interrompesse a operação começada.

Esta substância, que as inteligências desencarnadas empregam para produzir formas materializadas, é tão sensível como a placa do fotógrafo, mas duma natureza muito superior, visto formar o laço primordial que liga a matéria à inteligência. Tais formas são puras imagens? Ùnicamente em alguns casos. Se a forma é apenas fluídica, embora tenha a fisionomia dum parente ou dum amigo, é sòmente a sua imagem viva. Se a força é suficientemente condensada, tem todos os aspectos característicos do desencarnado que ela representa, e é por esse modo, bem como pelos seus característicos intelectuais, que ele se faz reconhecer. Não é mais uma imagem apenas: é um *simili do ser humano* que anda, fala, sorri, e mesmo escreve, deixando assim provas tangíveis da sua realidade.

Creio que o fenômeno da materialização toca bem de perto o problema da criação do homem. E é talvez por esta razão que essas formas materializadas, quando as interrogamos, não sabem como se materializam ou respondem que lhes é proibido falar. As inteligências superiores que produzem tão estranhos fenômenos estão mais perto do que nós das fontes da vida orgânica e da constituição atômica do Universo. Manejam as forças astrais, como nós manejamos qualquer composto químico, e como o escultor petrifica e modela a argila.

A base da materialização é que certos átomos, separadamente invisíveis, se tornam visíveis pela sua reunião, e podem então imitar o corpo humano com todos os seus atributos momentâneos, pois *a materialização permanente é um fato absolutamente impossível.* No fim de um tempo mais ou menos longo, a forma deve ser desintegrada e decomposta, a fim de restituir ao médium e às pessoas presentes as parcelas do fluido vital que lhes foram tomadas.

Mas o fim foi conseguido, e tem-se a prova palpável da sobrevivência. Quando é um parente ou um amigo que se torna a ver, é tocante constatar que ele se separa com pesar do ente querido, *embora sabendo muito bem que os seus instantes de vida momentânea são contados;* mas um poder superior o adverte, e, diminuindo suas forças fluídicas, a forma desaparece.

Algumas dessas formas têm sido *fotografadas,* o que destrói o sistema muito cômodo da alucinação, pois a placa sensível, destituída de preconceitos científicos, *nada reproduziria, se nada existisse.*

Como prova de que isso não é impossível nem sobrenatural, nunca será de mais insistir sobre este fato: *que a placa sensível vê mesmo o que não vê o olhar humano,* pois fotografa uma estrela invisível para os astrônomos.

Às vezes, algumas dessas formas materializadas têm deixado como lembrança um fragmento de fazenda ou uma mecha de cabelos. *Mas esses cabelos não se conservam muito tempo e se desmaterializam pouco a pouco, ao contrário dos cabelos humanos, que se conservam por tempo indefinido.*

A particularidade interessante dessas formas é que elas podem ser sujeitas à identificação e reconhecidas; podem ser vistas, tocadas, ouvidas, manifestando assim sua existência por meio dos três sentidos que servem para provarmos ou reconhecermos a existência de tudo quanto nos rodeia. Essas formas podem também estabelecer sua identidade, por meio de fatos ignorados por pessoas que não sejam os interessados.

Quanto às leis que regem esses fenômenos, elas são tão ignoradas como as da vida. Uma única coisa se sabe: é que a obscuridade é necessária à materialização, como a tudo que toma vida. O gérmen ou o grão de trigo na terra, o pinto no ovo, a criança no seio materno, — todas essas formações não se podem fazer à luz. Do mesmo modo que a placa sensível necessita da câmara escura do fotógrafo, a forma que se materializa necessita da obscuridade para se formar; mas, uma vez terminada essa condensação, a imagem materializada pode mostrar-se à luz ou à maior luz, como o clichê depois de revelado. O mesmo se dá em muitas manipulações químicas. Entretanto, sendo a forma materializada apenas um *simulacro do corpo,* a luz demasiado viva a dissolve, como o fogo faz fundir uma estátua de cera ou gelo.

Quando se discute um fenômeno tão surpreendente como o da materialização, empregam-se argumentos pró ou contra, esquecendo-se sempre o objeto principal do debate. Mas não se pode perder de vista que as manifestações são produzidas por um poder desconhecido e não podem ser obtidas *à vontade.* E' preciso, pois, submeter-nos às condições impostas pela inteligência invisível ou deixarmos de fazer experiências. Em si mesma, a materialização não é absolutamente contrária às leis da Natureza, tais como no-las revela a química; não existe, pois, razão para negá-la *a priori.* Experiências químicas provam de modo concludente que as matérias mais sólidas e duras podem em certos casos ser convertidas em gases ou vapores, e que todo vapor pode tornar-se invisível no espaço. Este fenômeno da materialização não deve, portanto, ser considerado com impossível; concilia-se perfeitamente com a conhecida lei que rege as transformações da matéria em certos casos.

Pode-se, pois, supor que as Inteligências superiores, mais experientes que os químicos terrestres, tenham a faculdade de improvisar o *fac-simile* de um corpo humano, reunindo os elementos necessários para constituir esse organismo transitório. Quais são esses elementos? As opiniões diferem muito, mas tudo leva a pensar que é uma espécie de matéria radiante e vital, tomada momentâneamente ao médium e aos assistentes. *A ligação entre o médium e a inteligência materializada é constante;* muitas vezes mesmo, percebemo-la sob a forma de pontos luminosos que partem do corpo do médium e vão ter ao da inteligência materializada. Segundo a força psíquica do médium, a forma se condensa de um modo mais ou menos preciso e material. Quando a força fluídica não é suficiente, a forma entra por assim dizer no médium.

Esse fato *tem sido constatado muitas vezes, o que prova que o corpo psíquico do médium desempenha enorme papel na materialização.*

Em diversos casos, esse corpo fluídico serve por assim dizer de invólucro ao Espírito ou à inteligência desencarnada que se quer tornar tangível. O corpo fluídico de certos Espíritos elevados não poderia de outro modo tornar-se visível.

O que essas manifestações têm de elevado é provar-nos que a personalidade não desaparece depois da morte, e provam também que os seres que se manifestam (com poucas exceções) são inferiores e ligados à nossa esfera.

Eis como se procede numa sessão séria de materialização: Coloca-se o médium num aposento sombrio, com apenas uma porta que dá para a sala em que estão os assistentes. Essa câmara pode ficar fracamente iluminada e, desde que o médium se ache em letargia, apresentam-se formas materiais; quando tais formas são fluìdicamente fracas, só podem adiantar-se até ficarem a alguns metros do médium; quando as formas têm uma força psíquica maior, podem andar, falar e mesmo escrever. Durante todo esse tempo, o médium deve ficar em uma semi-obscuridade, que é indispensável a toda gestação, mesmo fluídica. Pode-se, todavia, entrar na sala, e verificar se ele se acha em perfeita letargia.

Quando o fenômeno se produz numa sessão pública, ou com um médium pago, poucas garantias se têm contra a fraude, e os comparsas (sem contar o próprio médium) podem muito bem desempenhar a farsa da forma materializada. Pelo contrário, se o fenômeno se realiza em casa dum particular, com pessoas em quem se pode confiar, e depois de tomadas as precauções necessárias contra a inconsciência do médium, amarrando-o à cadeira, não é mais possível a dúvida.

Eis o que disse o falecido Oxon (S. Moses), professor de *Christ's College,* de quem já falei: "Quanto mais estudamos esses fatos de materialização, mais perplexos ficamos. Não há dúvida de que esse fenômeno tenha uma realidade objetiva; mas, sobre o seu modo de formação, não temos informações."

*

* *

Passemos agora aos fatos.

Robert Dale Owen, diplomata e escritor dos Estados Unidos, relata, num dos seus livros, diferentes casos de materialização.

O primeiro deu-se na casa de um dos seus amigos, o Sr. Underhill, de Nova-Iorque, em 1860. O aposento se achava iluminado a gás, e só estavam presentes três pessoas e ele: O Sr. Underhill, a Sra. Underhill (Lea Fox), médium muito poderosa, e seu sobrinho Charles, de doze anos de idade.

Dale Owen inspecionou com cuidado o aposento e fechou à chave todas as portas; em seguida, todos se sentaram, depois de baixar-se o gás.

"No fim de alguns minutos, diz D. Owen, percebi à minha esquerda uma luz, que parecia fosforescente; apresentou-se primeiro sob forma retangular, com os ângulos arredondados. Parecia uma palma de mão aberta, que pouco a pouco se tornou luminosa. Vimos então uma forma velada nas dobras dum estofo branco muito brilhante. A Sra. Underhill disse: "Podeis aproximar-vos do Sr. Owen?" A forma luminosa se encaminhou lentamente para mim, e, quando se aproximava, vi o contorno duma figura feminina.

Na extremidade do braço direito havia uma parte mais luminosa que o resto; supus que fôsse a mão que havia aparecido em primeiro lugar. Durante todo esse tempo, eu conservava presas as mãos da Sra. Underhill (a médium) e de Charles, seu sobrinho. Demais, enquanto se desenvolviam as frases do fenômeno, eu comunicava as minhas observações ao Sr. Underhill, que me respondia; eu tinha, pois, certeza de que ela estava perto de mim e que nenhum de nós estava alucinado. Qualquer fraude, *mesmo inconsciente*, era impossível."

A forma pousou a mão sobre a cabeça do Sr. Owen, e em seguida depôs-lhe um ósculo na fronte.

"Nunca, diz ele, obtive sensação física tão nítida, pois eu tinha o testemunho de três sentidos: a vista, o ouvido e o tato. Enquanto a aparição circulava na sala, não se ouvia o mais leve ruído de passos, e eu tenho o ouvido muito apurado."

Em outra sessão com as mesmas pessoas, a forma não era tão distinta, diz o Sr. Owen; só a fronte estava iluminada, e a parte baixa do corpo parecia fundir-se num nevoeiro acinzentado.

Encaminhando-se a figura para o jovem Charles, este exclamou aterrorizado: "Oh! Afastai-vos, eu vos peço." Pedimos à forma que falasse. Ela tentou fazê-lo, e nós ouvimos alguns sons guturais que se assemelhavam a sílabas, depois do que a forma disse em voz baixa: "Deus vos proteja." Em seguida, passou diante de nós, tornou-se brilhante e dissipou-se lentamente. O que é curioso nestas duas aparições, é que elas se deram com a *médium acordada* e não em letargia, como é quase sempre necessário para as materializações completas.

"As minhas experiências, diz o Sr. Owen, fazem-me pensar que essas aparições objetivas são raras; mas, quando se produzem, alguma coisa se obtém no gênero do corpo humano, com o *aspecto escultural* particularmente *vitalizado e espiritualizado.* Essas formas são flutuantes ou parcialmente materializadas, e a todo o momento estão prestes a dissolver-se lentamente ou a desaparecer repentinamente. Tudo depende das circunstâncias em que se realiza a materialização e da força de resistência das moléculas psíquicas (reunidas momentâneamente) contra as ações dissolventes que as cercam."

O Sr. D. Owen pôde ainda ver uma dessas aparições, e cita o nome da testemunha, o Sr. Livermore, muito conhecido no meio comercial de Nova-Iorque. Onze anos depois que esse cavalheiro havia perdido a esposa, o Dr. Gray falou-lhe na possibilidade de a rever, graças aos poderes mediúnicos de Kate Fox; mandou vir a médium a sua casa e tomou todas as precauções imagináveis, mas nada se produziu.

Isso prova mais uma vez quanto é absurda a

teoria da alucinação aplicada às materializações, pois o Sr. Livermore, que sentira grande dor por ocasião da morte de sua esposa, desejava ardentemente vê-la, e, apesar disso, nada viu. Só muito tempo depois, em Março de 1861, foi que se produziu o fenômeno, e, como sempre acontece, *no momento em que menos se esperava.*

Apareceu uma luz em forma de globo, que pouco a pouco se transformou numa cabeça velada, na qual, desde que ficou perfeitamente iluminada, o Sr. Livermore reconheceu sua esposa.

Durante toda a sessão, ele segurava as mãos de Kate Fox, e, achando-se em sua própria casa, não podia ser enganado.

"Em outra sessão, a imagem da Sra. Livermore apareceu e desapareceu várias vezes, tornando-se porém cada vez mais parecida. *Durante um momento, vimos a sombra da aparição na parede da sala.* Logo depois caiu uma chuva tempestuosa, sendo então escrita a seguinte mensagem: *"A atmosfera mudou; não posso conservar-me materializada."*

Estas experiências delicadas dependem muito do estado da atmosfera. Quando se acha tempestuosa ou eletrizada, os fenômenos de materialização são nulos; ora, é justamente por esses tempos que, estando exaltado e excitado, o sistema nervoso devia achar-se disposto à alucinação. Pois bem! A experiência dos investigadores psíquicos tem provado que se dá exatamente o contrário. Quando a temperatura está seca e calma, os fenômenos de materialização são produzidos mais fàcilmente, pois tudo depende também do médium: *se este se acha doente, nada se produz,* e o médium se esgota inùtilmente.

Numa sessão em 1863, tendo-se munido de uma lanterna furta-fogo, o Sr. Livermore dirigiu a luz sobre a figura de sua esposa, quando ela apareceu. A forma pareceu contrafeita, conservou-se visível durante alguns instantes, e depois desapareceu. O Sr. Livermore obteve então a mensagem seguinte: *"Foi com muita dificuldade que pude conservar-me materializada."*

Como se verá no prosseguimento deste estudo, a luz viva, e principalmente a do gás ou da eletricidade, decompõe mais ràpidamente a matéria fluídica que se condensa nessas formas. Isto foi constatado grande número de vezes.

R. Dale Owen fala também de diversas sessões em que o Dr. Gray, médico que muito se ocupava de magnetismo, pôde fazer experiências curiosas. A figura do Dr. Franklin apareceu, mas sòmente uma porção era visível. O Dr. Gray teve ocasião de cortar um fragmento do vestuário da forma materializada e examiná-lo, *mas esse fragmento fundiu-se pouco a pouco nas suas mãos.* Um dos assistentes, muito ceptico, o Sr. Groute, aproximou-se da forma materializada, observou-a, tocou-a, e, como S. Tomé, declarou-se convencido. O Dr. Gray acrescenta que nessa ocasião o fenômeno foi estupendo, e eis o que ele diz do Sr. Livermore: "E' um homem frio, positivo, muito atarefado por negócios, e de modo algum disposto a ser joguete dos seus próprios sentidos."

As experiências duraram *seis anos,* e é tão ilógico quanto inadmissível supor que durante todo esse tempo o Sr. Livermore haja tido alucinações quando se achava com a médium, ao passo que não tinha uma só quando se achava afastado dela. Se houvermos de rejeitar, acrescenta ele, os fatos garantidos por homens de perfeita boa fé, teremos de rejeitar qualquer testemunho humano.

Nessa época, 1860 a 1868, o fenômeno de materialização era ainda completamente novo, e Dale Owen apenas esboçou o assunto.

Assim conclui: Um dos aspectos mais curiosos do cepticismo moderno consiste em negar o que se tem admitido em todos os tempos e em todos os países, a reaparição momentânea dos que chamamos mortos. Esses acessórios fantásticos das histórias de ressuscitados, espectros horríveis, esqueletos que fazem ranger os ossos, que sacodem cadeias, espalhando odores sulfurosos, etc., — todo esse aparelho fantasmagórico contribuiu para ridicularizar um fato muito simples e natural em si mesmo. Incutiram-nos falsas ideias sobre a morte, fazendo-nos considerar com terror aqueles que amamos sobre a Terra. Só com a ideia de os tornar a ver, trememos como crianças no escuro, e por qualquer coisa certas pessoas desmaiariam."

II

Katie King

Depois de Robert Dale Owen, as experiências de materialização fizeram grandes progressos e os seus detalhes se tornaram mais conhecidos. Todos quantos se têm ocupado de espiritualismo, espiritismo ou ocultismo leram ou devem ler ò livro de William Crookes, que já mencionei. No fim desse livro, o grande químico inglês fala de uma forma materializada que tomou o nome de *Katie King*. Embora atestado por um autoridade científica do valor de William Crookes, o fato pareceu tão extraordinário, tão inverossímil, que uns o negaram e outros sorriram desdenhosamente. As experiências se realizaram de 1872 a 1874, em casa do Sr. Crookes, com o auxílio de uma poderosa médium ainda muito jovem, miss Florence Cook, que passou vários meses na casa do químico, em companhia de sua família; e, dadas as precauções tomadas por este, qualquer impostura se tornava impossível. Eis os fatos em duas palavras: Miss Cook estava sentada na biblioteca do Sr. Crookes, separada, por uma cortina, dos assistentes, que se achavam no laboratório. Desde que miss Cook se achava em letargia, uma forma feminina levantava a cortina, avançava e conversava com todos, depois entrava na biblioteca, ou às vezes desaparecia sùbitamente.

Pessoas muito maliciosas não deixaram de dizer que era a própria miss Cook quem personificava a forma, e que durante esse tempo um manequim vestido a substituía na biblioteca. Os detalhes que passo a dar mostrarão a puerilidade de semelhante hipótese, que não merece as honras duma discussão.

Mas tão novo era o fenômeno, e sobretudo tão espantoso, que W. Crookes foi atacado e criticado por todos os modos; tendo constatado perfeitamente os fatos, preferiu guardar silêncio.

O que ele não quis dizer vou eu tentar referir, graças a testemunhas presenciais das suas sessões, como o Dr. Gully, Epes Sargent (publicista americano) e Florence Marryat, filha do capitão Marryat, e muitos outros.

Comecemos por Fl. Marryat. Em um livro a que deu por título um verso de Longfellow "A morte não existe", ela refere muitos detalhes acerca de Katie King. Concedo-lhe a palavra:

"Katie King dizia ter sido Annie Morgan, filha de sir H. Morgan, célebre pirata do tempo de Cromwell; casara-se, e aos vinte e dois anos morrera."

"Todas as vezes que se lhe perguntava porque voltava à Terra, respondia invariàvelmente que "em parte era para convencer o mundo da realidade da vida futura, e em parte também para expiar seus crimes."

Isto em nada lisonjeia o nosso planeta, que bem poderia ser considerado uma espécie de purgatório, a julgar pela infinidade de males e dores de que somos nele acabrunhados.

"Miss Cook — diz Fl. Marryat — é uma mocinha morena, de olhos e cabelos negros. Às vezes, Katie parecia-se muitíssimo com ela (18), mas em outras sessões a dissemelhança era palpável.

(18) Haverá talvez quem julgue ingênua essa constatação; mas, depois de haver lido as peças do processo, não se deixará de crer, como eu, na boa fé da testemunha. Esse fato da semelhança ocorre às vezes no começo das materializações.

"Em uma fotografia que ainda possuo, Katie *parece o duplo de miss Cook, e entretanto esta também olhava quando se tirou a fotografia.*

"Assisti muitas vezes às experiências feitas pelo Sr. Crookes com miss Cook; *vi os anéis dos cabelos desta presos ao soalho, fora da cortina que a separava dos assistentes.*

"Vi miss Cook colocada na plataforma duma balança, construída propositalmente pelo Sr. Crookes, e constatei que a médium (miss Cook) pesava 112 libras; mas, logo que o Espírito materializado se formava, *o corpo da médium não pesava mais que a metade, 56 libras.* "Este fato é dos mais importantes, porque prova que a saída do corpo psíquico que serve para a materialização faz perder ao médium uma parte da sua substância vital. E' o que torna tais experiências tão perigosas para o médium, cuja vida muitas vezes se acha gravemente comprometida.

"Vi muitas vezes — diz Fl. Marryat — *miss Cook e Katie, uma ao lado da outra.*

"Não tenho, pois, dúvida de que eram duas criaturas diferentes. W. Crookes também constatou o mesmo fato."

*
* *

Passemos a outros testemunhos.

O Sr. Tapp, da associação dos investigadores de Dalston, obteve permissão para examinar de perto a figura e o corpo de Katie com uma luz suficiente; constatou que os braços eram mais espessos e longos que os da médium; as mãos também eram maiores, com unhas magníficas e diferentes das de miss Cook, que tinha o mau hábito de roer as unhas. Segurando com uma das mãos o braço da forma materializada, o Sr. Tapp correu a outra mão ao longo dele até ao ombro. A pele, diz ele, era duma untuosidade fora do comum, como a da cera e do mármore, e todavia a temperatura geral era a do corpo humano. O Sr. Tapp constatou com surpresa que *não havia ossos no punho.*

Outra vez, refere o Sr. Tapp que, tendo segurado Katie pelo punho, ele o sentiu ceder sob a pressão, como um pedaço de papel ou pano, encontrando-se os seus dedos através do punho.

O Sr. Tapp exprimiu o receio de que esse resultado apresentasse algum inconveniente para Katie; ela, porém, afirmou que não.

O doutor J. M. Gully, distinto médico, amigo do Sr. Crookes, em cuja casa assistiu a várias sessões, estudou friamente, só no ponto de vista filosófico, esses fenômenos espantosos.

Eis o que ele dizia em 20 de Julho 1874, a propósito de Katie, ao escritor americano Epes Sargent:

"O poder de materialização aumenta em cada nova sessão, visto como das primeiras vezes aparecia apenas um rosto sem cabelo e sem nada atrás da fronte. Parecia uma *máscara animada.*

"Depois de cinco ou seis meses de sessões, a forma completa apareceu. Esses seres se condensam então mais fàcilmente e mudam os cabelos, o vestuário, a cor do rosto, conforme os seus desejos.

"Tais coisas ainda não podem ser cientìficamente provadas, mas é impossível duvidar delas.

"O fato de muitas vezes faltarem partes do corpo nas materializações não é argumento que prove a impossibilidade de produzir-se um todo completo.

"Todos quantos — diz o doutor — assistiram às sessões de William Crookes sabem *com que cuidado eram tomadas as precauções, para que os movimentos da médium pudessem ser constatados.* Essas precauções provaram-me indubitàvelmente que a forma que apareceu não era miss Cook, e, ao contrário, tinha uma existência absolutamente diferente."

Eis agora o que diz C. Varley, engenheiro eletricista, que foi o iniciador do cabo transatlântico:

"Como me haviam pedido que examinasse o fenômeno da materialização, combinei com miss Cook diferentes sessões, que se realizaram na casa do Sr. Luxmore. A médium foi tratada como um cabo telegráfico, estabelecendo-se uma corrente elétrica desde o seu punho direito, ao longo dos braços, até o punho esquerdo."

Durante todo o tempo, para ter indicações exatas, o Sr. Varley empregou um galvanômetro refletor e diversos outros instrumentos. Desse modo a médium não podia deter a corrente, mesmo durante um centésimo de segundo, sem que o fato fôsse imediatamente revelado.

"Apesar disso — diz Varley — a forma de Katie apareceu, nos falou e *escreveu num papel, à nossa vista.* Da primeira vez, Katie só apareceu semi-materializada, até à cintura apenas; o resto do corpo faltava ou conservava-se invisível.

"Apertei a mão desse estranho ser, e no fim da sessão Katie me disse que fôsse despertar a médium. Encontrei miss Cook em letargia, como a tinha deixado, achando-se intactos todos os fios de platina. *Despertei-a.*"

Uma experiência análoga foi feita por Varley na presença de W. Crookes. Durante toda a sessão, manteve-se uma ligeira corrente elétrica. O Sr. Crookes instalou fios de modo que, se miss Cook se houvesse movido, *mesmo inconscientemente,* não teria podido adiantar-se além das cortinas que fechavam o gabinete onde estava.

A despeito de todas estas precauções, Katie adiantou-se *a seis ou oito pés além das cortinas;* nenhum fio estava ligado a seus braços, e a prova elétrica foi inteiramente concludente. Por excesso de precaução, o Sr. Crookes pedira a Katie que mergulhasse as mãos em uma solução química, e nenhuma mudança do galvanômetro se seguiu a isso, o que teria acontecido se Katie tivesse sobre si os fios, porque a solução tinha por fim favorecer a corrente elétrica.

O Sr. Crookes deu testemunho da sua grande confiança em miss Cook, pois ela se submeteu a todas as provas imagináveis; além disso, adquiriu a certeza de que miss Cook estava realmente no quarto ao lado, quando Katie aparecia. Nessa época, miss Cook era ainda muito jovem, e, mesmo quando o quisesse, não teria podido enganar dois sábios como Crookes e Varley, principalmente com todas as precauções que eles tomaram.

Como diz Crookes, "imaginar que uma menina de quinze anos houvesse podido conceber e executar durante três anos semelhante impostura, ofende mais à razão e ao bom senso do que aceitar como verdade o que afirma Katie."

Em outra carta do Dr. Gully, datada de 20 de Julho 1874, ao seu amigo Epes Sargent, há os seguintes detalhes curiosos:

"A respeito de miss Cook devo constatar que, após dois anos de exame e de numerosas sessões, não só deixo de duvidar, mas que, pelo contrário, possuo a mais completa convicção de que o fenômeno da materialização é possível, e que nessas sessões qualquer tentativa de fraude era impossível.

"A voz de Katie pôde fazer-se ouvir antes da formação total do corpo; porém muitas vezes essa voz era agitada. A pele parecia natural e delicada. Os movimentos pareciam humanos, salvo quando Katie se baixava para apanhar qualquer coisa, pois então as suas pernas e o meio do corpo pareciam curvar-se em sentido contrário.

"Penso que se poderiam obter de Katie muitas notícias do além-túmulo, porém as pessoas presentes só lhe falavam de coisas frívolas. Uma ou duas vezes, sòmente, pude fazer-lhe algumas perguntas sobre esses assuntos:

— Podeis explicar-nos, perguntei eu, que poder ou que força empregais para a vossa materialização e para a dissolução posterior dessa forma?

— Não, não posso — respondeu Katie.

— E' porventura a eletricidade ou qualquer coisa semelhante?

— Não; tudo quanto se tem dito da eletricidade é um contra-senso.

— Tal força se parece, porventura, com o poder da vontade?

— Sim; é essa a hipótese que mais se aproxima da realidade. A vontade é a alavanca desse poder.

— Quando desapareceis, para onde ides?

— *Entro na médium para restituir-lhe a vitalidade que lhe tomei.* Posso sair dela e novamente entrar com facilidade, mas compreendeis bem que não sou ela nem o seu *duplo.*

— Quando vos desmaterializais, que desaparece primeiro, o vestuário ou o corpo?

— Naturalmente, o corpo. O poder vital volta à médium e o vestuário aos seus elementos constitutivos.

— Um ser humano pode ter uma ideia do poder que empregais para a vossa materialização?

— Não, vós não o podeis.

Nem sempre as respostas de Katie foram tão precisas. Às vezes, ela parece ter-se esquecido completamente da Terra. Diz vir de uma esfera pouco elevada e ser-lhe impossível dizer quem é.

E' o caso, portanto, de perguntar se esses entes momentâneamente humanos nos podem dar uma ideia exata do seu estado e das suas faculdades. Creio, à vista dos documentos que tenho, que, se a sua força de materialização aumenta, outro tanto não acontece com o seu poder de comunicação. Verifica-se mesmo que esses entes são contrafeitos ou limitados na sua memória, pelo fato de sua materialização. Essa passagem do plano etéreo para o plano terrestre deve forçosamente produzir uma perturbação no ser materializado.

E' uma espécie de *reencarnação transitória*, e não se ignora como a inteligência (salvo raras exceções) custa a desenvolver-se na criança, esse encarnado condenado a viver.

*
* *

Numa sessão que se realizou em 1873, em casa do Sr. Luxmore, colocou-se uma lâmpada sobre a mesa da sala, que esteve sempre iluminada. As catorze pessoas que se achavam presentes puderam ver-se e observar-se durante toda a sessão. Miss Cook colocou-se na pequena sala *e foi amarrada a uma cadeira baixa.* Ataram-lhe as mãos com fitas, cujas extremidades foram cosidas e seladas. *Era, pois, impossível a miss Cook deslocar-se mais de uma ou duas polegadas,* pois neste caso os selos teriam sido quebrados. Depois da sessão tudo se achava como antes. O Sr. Coleman, que descreveu a sessão, refere que, circulando pela sala, Katie antes deslizava do que andava, e não perdia de vista à médium, como se lhe estivesse ligada. Quando Katie desapareceu, o Sr. Coleman pôde ver miss Cook *em letargia* na sua cadeira, o que, na opinião dele, convenceria os mais incrédulos.

O doutor G. Sexton, que por muito tempo duvidara de tais fenômenos, pôde assistir a outra sessão em casa do Sr. Luxmore; notou que a fisionomia e a cor de Katie eram absolutamente diferentes das particularidades correspondentes da médium. No fim da sessão, Katie disse ao doutor Sexton que entrasse na sala para constatar que miss Cook estava sempre atada, e, uma vez verificado isso, declarou nunca ter assistido a coisa alguma de mais maravilhoso. Numa dessas sessões, em casa do Sr. Luxmore, Katie escreveu algumas palavras que deu ao Sr. Coleman, deixando assim um dos numerosos traços materiais da sua passagem.

No começo das experiências com miss Cook,

esses fenômenos pareceram tão surpreendentes que se levantaram dúvidas, mesmo entre espiritualistas convencidos. Desde então centenas de casos de materialização se têm verificado na América, na Inglaterra, na Alemanha, na Rússia e mesmo na França (onde esse fenômeno é tão pouco conhecido), e a realidade do fato não sofre dúvida.

Só há discussões sobre a explicação do fenômeno. O Sr. Coleman acreditava a princípio, com vários sábios alemães, que Katie era *o duplo psíquico* de miss Cook, hipótese que as experiências de Crookes fizeram abandonar.

Em 9 de Dezembro 1874, na casa do Sr. Luxmore, o Sr. Volkman levantou-se da cadeira e segurou Katie pela cintura, exclamando: *"E' a médium"*. O Sr. Henry Dumphy, que seguia o fenômeno com curiosidade, observou que Katie parecia perder os pés e as pernas e evitar o amplexo do Sr. Volckman, embora este senhor parecesse ter bastante força para conservar o que segurava. Katie escapou de seus braços e desapareceu, não deixando traços quer do seu corpo, quer do seu vestuário. *Imediatamente encontrou-se miss Cook atada, e intactos os nós que a prendiam.* O choque psíquico, porém, tinha sido tão grande que durante muitos dias miss Cook teve convulsões.

"Vi — diz Florence Marryat — o médico que tratou miss Cook depois dessa sessão, e ele me afirmou que as suas crises não eram de modo nenhum fingidas."

Essas fantasias de cépticos são muito perigosas para o médium e podem pôr sua vida em perigo, pois o abalo psíquico impede a entrada normal do corpo astral (ou perispírito), e perturbações muito sérias podem-se produzir no organismo do médium. Não se devem, pois, fazer essas experiências temíveis senão com pessoas ao corrente dos fenômenos e que não lhes ignorem os perigos. Fl. Marryat perguntou uma vez a Katie porque só podia aparecer na fraca luz dum bico de gás. A esta pergunta,

Katie pareceu irritar-se e respondeu: "Muitas vezes já vos disse que não posso mostrar-me sob a ação duma luz viva. *Não sei porquê;* e, se quiserdes ter a prova do que afirmo, acendei os três bicos de gás, mas não vos esqueçais de que não poderei reaparecer esta noite."

"Os assistentes se decidiram a ver este fenômeno, e pediram a Katie que se desmaterializasse na presença deles; ela aceitou, porém noutra sessão nos disse que muito sofrera.

"Katie King se colocou ao longo da parede do salão, com os braços erguidos, como se estivesse crucificada. Acenderam-se então três grandes bicos de gás, que projetaram uma luz muito viva. *O efeito foi surpreendente.*

"Katie ficou cerca dum segundo como estava; depois, começou a desagregar-se gradualmente. A princípio os braços se tornaram incertos, os olhos se afundaram nas órbitas, o nariz desapareceu em seguida, assim como o osso da fronte. Depois, os membros pareceram decompor-se e cair por terra em pedaços. Por fim, apenas ficaram uma parte da cabeça e um monte de vestidos brancos; depois, tudo desapareceu."

Não esqueçamos que esta cena fantástica não se passou num lugar público, porém numa casa particular, onde toda fantasmagoria era impossível. Pode-se crer ou deixar de crer; mas, para aqueles que estão ao corrente desses fenômenos, é evidente que a luz viva tem uma ação dissolvente sobre essas formas materializadas; elas são de uma contextura tão delicada, que, por assim dizer, fundem como a cera ou o gelo na presença dum fogo vivo. Damos disso, em seguida, mais uma prova curiosa:

Numa sessão, cuja ata foi assinada por A. Corner, C. Corner, J. Luxmore, G. R. Tapp e W. Harrisson, Katie foi fotografada como muitas vezes o fora por W. Crookes. No fim da sessão, Katie lhes disse que o seu poder de materialização se dissipava e que ela sentia que se fundia literalmente. A admissão da luz necessária para fotografar, decompôs Katie; a parte inferior da figura pareceu desagregar-se pouco a pouco; depois, abaixou-se, até que o pescoço tocou o soalho; o resto do corpo também desapareceu.

Desta vez ainda, a desmaterialização de Katie verificou-se perante várias pessoas que atestaram o fenômeno, assinando a ata.

Para a materialização, a hipótese da alucinação não é sustentável um só instante. Katie King, por exemplo, falava, andava, escrevia e tornava-se tão tangível como um ser humano. Provas palpáveis da sua presença (como cabelos ou escritos) foram deixados por ela. Só resta ao céptico, que viu e tocou como S. Tomé, imitar este incrédulo santo.

Quanto aos outros cépticos, resta-lhes sempre o recurso de dizerem que é impossível.

Eis o que escrevia o Sr. Crookes, em 27 de Julho 1893, ao professor Elliott Cowes: "Se vos disserem que penso haver sido enganado a respeito dos fatos psíquicos e que repudio as minhas experiências, autorizo-vos, e mesmo peço-vos, que oponhais a semelhante afirmativa o mais formal desmentido."

A propósito de Katie, o Sr. Crookes escreveu nessa época:

"A pele de Katie é delicada, ao passo que a de miss Cook é grosseira; demais, esta última tem no pescoço um sinal bem visível. As orelhas de Katie não são furadas, ao passo que miss Cook usa habitualmente brincos. A cor de Katie é alva, a de miss Cook bem morena. Diversas manchas que miss Cook tem no rosto não se notam no rosto de Katie. Os cabelos de miss Cook são negros, os de Katie louros. A altura de Katie é as vezes superior seis polegadas à de miss Cook."

Como, referindo as suas experiências, W. Crookes nada dizia do que revelara porventura Katie acerca do outro mundo, eu lhe escrevi inquirindo-o a tal respeito, e ele me deu a honra de responder a este delicado ponto. Além disso, teve a bondade de me autorizar a transcrever sua carta, o que foi uma felicidade tanto para mim como para o público francês.

"1.° de Fevereiro 1892. — Conversei muitas vezes com Katie King, e naturalmente propus-lhe muitas questões do gênero daquela a que vos referis. As respostas não foram satisfatórias. Geralmente, ela dizia que lhe era vedado fornecer tais esclarecimentos.

(Assinado) *William Crookes.*"

Muitas pessoas, e não das mais destituídas de importância, tinham sempre pensado que Crookes não se pronunciaria sobre este ponto importante da materialização de Katie King. Frustradas estão as suas esperanças, pois, pela sua carta, W. Crookes reconhece de um modo inegável que conversou com um ser materializado. *Horresco referens!* Que dirão a isto os nossos materialistas ou físio-psicólogos? Eis um problema bem difícil, porque, tendo sido fotografada a forma materializada, não é mais sustentável ou cômodo o sistema da alucinação, visto como *existe uma prova material do contrário.*

Uma prova ainda mais forte é que, em 1886, Moses constata, numa carta dirigida ao jornal *Light* que, na época das suas experiências, W. Crookes tirou uma fotografia de Florence Cook (a médium) e de Katie King, *vistas juntas.* As suposições mais engenhosas caem, pois, por si mesmas diante do argumento que fornece uma chama fotográfica (19).

---

(19) No ano passado o Sr. Bodisco, camarista do czar, obteve também fotografias em que se vêem o médium em letargia e a forma materializada não longe do médium.

Quanto às respostas de Katie, se elas não são satisfatórias, isso provém — creio — de que a materialização (ou reencarnação momentânea) deve lançar grande perturbação na inteligência desses seres trazidos momentâneamente à Terra.

Por outro lado, compreendo que, até certo ponto, lhes seja interdito dar esclarecimentos sobre o outro mundo. Se todos os seres humanos estivessem certos da sobrevivência, poderia acontecer uma coisa inesperada, mal prevista por Deus. Todos os pobres, os deserdados, os incuráveis, e mesmo simples doentes, impacientes com o seu estado, se apressariam em deixar o nosso mundo de miséria por outro, que não pode ser pior. Haveria uma epidemia de suicídio, e a viagem para o outro mundo não pareceria mais perigosa do que uma viagem à América (*).

Se, como tudo faz supor, nos achamos na Terra para sofrer uma prova, é o medo da morte que nos força a sofrer essa prova, por mais temível que ela seja. A incerteza do que haverá além do túmulo retém as pessoas cépticas, como as religiosas, e é de notar que as últimas se apegam tanto à vida como as primeiras, embora morram com mais tranquilidade e resignação.

(*) A crença num Além-túmulo, melhor que a vida atual, pode induzir ao suicídio, quando não se está compenetrado de que o suicídio destrói qualquer melhoria a que se pudesse ter direito na vida futura. O suicídio é portanto punido pelas leis que Deus estabeleceu, e é por isso que não basta a crença na imortalidade da alma: uma vez convencidos desta, todos devem estudar e procurar compreender a filosofia e a moral da Doutrina Espírita, demonstradas especialmente nas obras de Allan Kardec: **O Livro dos Espíritos, O Livro dos Médiuns, O Evangelho, Céu e Inferno, Gênese** e **Obras Póstumas**, assim como nos 4 volumes de J. B. Roustaing: **Os Quatro Evangelhos.** — (N. do Tradutor.)

CAPÍTULO V

FORMAS MATERIALIZADAS

Continuação do estudo, de 1874 a 1893

I

Expus os fenômenos de materialização no período que vai desde 1860 até 1874. Vou agora citar muitas outras experiências feitas desde essa época, até 1893. Ouçamos em primeiro lugar um escultor americano, S. A. Brackett, que por muito tempo fêz experiências sobre esse fenômeno. A princípio muito céptico, depois muito cauteloso.

"Pouco importa o que pensem ou digam dos fatos que observei pessoalmente, mas quem quer que os haja estudado, com o mesmo cuidado que eu, ficará tão impressionado como fiquei e chegará talvez às mesmas conclusões."

Como o Sr. Brackett era muito céptico (o que provam as suas observações), o seu livro sobre a materialização é muitíssimo curioso.

Um amigo seu apresentou-o a uma célebre médium, a Sra. F., de Bóston; porém, como ela se achava doente, só no fim dum ano foi que ele pôde assistir a uma sessão que descreve assim:

"Diminuiu-se bastante a luz, mas não tanto que não se pudesse ver distintamente as pessoas.

Apresentou-se uma forma dizendo ser a minha falecida esposa; sem se parecer com ela, contou-me, entretanto, coisas íntimas que só ela podia conhecer. De repente, a forma pareceu impossibilitada de se manter de pé, a despeito dos seus esforços, e desapareceu como que através do soalho, coberto de um espesso tapete. Por fim, só a cabeça e os ombros ficaram visíveis. De volta à minha residência, perguntei a mim mesmo se porventura eu não fora vítima duma esperteza ou se presenciara realmente um fenômeno. Resolvi, pois, saber exatamente se essas formas eram comparsas ou simples papéis desempenhados pela médium."

Antes da segunda sessão, Brackette teve permissão para examinar com cuidado o aposento da Sra. F. Além disso encarregou um arquiteto, seu amigo, muito prático, de levantar, sob pretexto de compra, uma planta exata do aposento e da casa. Por meio dessa planta, Brackett obteve a prova de que ninguém podia entrar na casa senão pela porta da sala em que se realizavam as sessões. Brackett obteve da Sra. F. permissão para entrar no quarto em que ela se achava em letargia, e, certificando-se do fato, viu no mesmo momento duas formas materializadas. Mais tarde, a Sra. F. mandou fazer uma espécie de gabinete móvel, de sorte que a médium se achava no meio dos assistentes. A atenção do Sr. Brackette foi despertada pela semelhança que essas formas tinham com as pessoas que diziam ter sido em vida. Constatou que essa semelhança era às vezes notável, mas não a considera como uma prova de identidade, pois tais formas — diz ele — quaisquer que sejam, *têm o espantoso poder de se modificarem à vontade.* Eis aqui uma prova.

"Vi um mancebo alto que se dizia irmão da senhora que me acompanhava. Esta lhe perguntou: — Como poderia eu reconhecer-vos, se apenas vos vi quando éreis criança? Imediatamente, a forma diminuiu pouco a pouco de altura até igualar à do menino que a senhora conhecera.

"Constatei, acrescenta Brackett, outros casos do mesmo gênero."

Isso parece inverossímil, mas o que é verdade é que nenhum comparsa ou associado poderia fazer o mesmo.

Uma das formas que apareceram em casa da Sra. F. disse ser Berta, sobrinha de Brackett, e, como este parecesse duvidar disso, a forma desapareceu e voltou com a voz e a altura de uma criança de quatro anos, idade em que Berta morrera. Disse que a faculdade de se comunicar com os entes humanos dependia da facilidade com que essas formas podem assimilar-se às emanações fluídicas ou magnéticas, e que precisavam de aparecer muitas vezes para se impor aos elementos materiais e aumentar a sua força de materialização (20).

Brackett acrescenta estas observações características:

"A Sra. F. tem pronúncia alemã, e Berta não. No momento em que eu menos esperava, ela apareceu diante de mim. Quanto a ser uma farsista paga pela Sra. F., desafio quem quer que seja a se desmaterializar em minha presença, como o fêz Berta."

O Sr. Brackett realizou também sessões em casa de outros médiuns. Uma noite em que ele interrogava um desses entes a respeito do outro mundo, responderam-lhe: "Só raramente podemos falar sobre tal assunto. Talvez isto vos pareça estranho, mas não podemos proceder de outro modo. Estamos submetidos a certas condições. Há esferas em que não podemos penetrar. Somos ainda semi-humanos, e desejamos a afeição daqueles que nos amaram."

---

(20) Esse fato tem sido constatado por todos aqueles que têm estudado a materialzaçãio.

Depois de haver falado assim, a forma pareceu esgotada — diz Brackett — e, tendo-se transformado ràpidamente, ela desapareceu como uma luz que se extingue. Eis agora as opiniões de Brackett sobre estes fatos.

"O fenômeno da materialização foi mais ou menos conhecido no passado, e dele provém provàvelmente o mito segundo o qual a mulher foi formada de uma costela de Adão (como a forma materializada sai do corpo do médium.) Deus mergulhara Adão num sono profundo (talvez idêntico ao sono letárgico do médium.)

Com efeito, da ilharga esquerda do médium sai uma espécie de vapor luminoso, que se condensa ràpidamente numa forma individualizada, capaz de falar ou de agir e mesmo de escrever, *conforme o grau de poder do médium.* A opinião de todos quantos têm estudado a questão é que essas inteligências que se manifestam o fazem por meio de parcelas fluídicas tomadas ao médium e aos assistentes.

"Enquanto o médium exerce ação sobre esse corpo fluídico, a forma conserva uma certa semelhança com o médium; mas, se uma inteligência superior domina bastante o médium para se apoderar do seu corpo fluídico (no qual se envolve por assim dizer), a semelhança varia e depende do poder do desencarnado para reproduzir a forma que ele tinha na Terra.

"Tenho visto — diz Brackett — centenas de formas materializadas, e, em muitos casos, o *fantasma fluídico do médium tanto se parecia com ela que eu iria jurar ser a própria médium, se não houvesse visto esse fantasma desmaterializar-se em minha presença e não tivesse verificado, imediatamente depois, que a médium estava adormecida.*

Fiz tantas experiências sobre este fenômeno que, se não obtive a prova dele, ignoro o que significa a palavra *evidência.* Quando terminei as minhas investigações, achei-me em presença de um terrível problema. Que formas são essas, que durante um tempo dado tomam uma *realidade objetiva,* algumas das quais se assemelham a parentes ou a amigos, embora guardando sempre alguns caracteres do médium? Serão entes que vêm do outro mundo? tudo o faz supor. Muitas vezes segurei a mão de um desses entes, e, no momento da desmaterialização, *essa mão, por assim dizer, fundia na minha.*

"Muitas vezes acompanhei o fenômeno da materialização e em condições tais, que toda fraude se tornava impossível. E' muito fácil dizer que uma pessoa está alucinada; isso, porém, não acontecia comigo; não me conteitei com uma só experiência; fiz centenas delas. Examinei essas formas tão calmamente como se examina um quadro ou uma escultura. Verifico que o fato é espantoso, mas acredito que mais tarde ele poderá ser demonstrado cientìficamente. Para isso, será preciso descobrir primeiramente em que condições tais seres poderão comunicar-se conosco; quanto ao que eles nos poderiam dizer sobre tal assunto, provàvelmente ser-nos-ia impossível compreendê-lo, pois que não nos achamos bastante adiantados neste gênero de experiências.

"Sòmente graças a uma acumulação de fatos impressionantes, fui forçado a aceitar a existência desses entes extraordinários; todavia, essa existência ainda se acha rodeada de mistério.

"E' muito provável que eles pertençam a um mundo diferente do nosso, pois nenhuma outra teoria me parece sustentável. Quanto à sua identidade, ela só se pode julgar pelo modo por que julgamos as pessoas com as quais estamos em relação durante a vida.

"Muitos desses entes se acham tão imperfeitamente materializados, que só o fato de penetrarem em nossa atmosfera parece esgotá-los, e, após vãos esforços, não podendo falar, eles desaparecem.

Outros chegam a materializar-se de um modo completo.

"No Antigo e no novo Testamento há grande número de manifestações semelhantes às que tenho estudado, mas as tendências materialistas da Ciência sempre as fêz considerar como ficções orientais.

"Visto a probabilidade ou a possibilidade que apresentam esses fenômenos de fornecer uma prova palpável e material da existência do homem depois da morte, merece que se examinem tais fatos com todo o cuidado. E' um grande erro negá-los sob pretexto de que são impossíveis, pois, como disse Arago, "fora das matemáticas, o termo impossível não tem sentido.

"Sou de natureza tão céptica, acrescenta Brackett, que, se não houvesse podido obter condições rigorosas de verificação, nunca me deixaria convencer.

"O assunto parecerá novo à grande massa do público; mas, desde que tais fenômenos sejam bem conhecidos, todos os sistemas científicos serão revolucionados. Quanto às pessoas de ideias preconcebidas, que condenam esses fenômenos sem os haver ao menos visto, essas dão prova de vaidade ou ignorância.

"A atitude dos sábios, sobretudo, é curiosa de estudar. Prontos a condenar tudo quanto é novo, o seu desdém não tem igual por tudo quanto parece contradizer as suas opiniões materialistas.

"Nada é mais anti-científico do que as demonstrações de alguns contra o assunto de que trato. Obrigados outrora a lutar contra o despotismo dos teólogos, eles se tornaram o seu turno ainda mais despóticos. Tendo muitas vezes condenado os dogmas, adotam presentemente um tom dogmático relativamente a tudo quanto não quadra com os seus preconceitos. Enquanto os sábios não houverem estudado esses fenômenos, as suas alegações ou as suas negações nenhum valor terão, sobretudo atendendo-se aos seus métodos materialistas."

Brackett tem razão. Os sábios, quando falam a respeito de tais fenômenos, os negam *a priori* sem procurar estudá-los; e, se levam a esse ponto a sua condescendência, impõem logo condições.

Por isso mesmo, esquecem que ninguém mais do que eles deveria compreender a necessidade de aceitar estritamente as leis que regem toda operação na Natureza. Ora, a materialização é uma operação tão delicada como qualquer combinação química. Em Março de 1893, Brackett publicou um artigo, do qual vou citar alguns dos tópicos mais curiosos. Eis o que lhe disse uma forma materializada, a propósito de certos pontos que pareciam obscuros:

"Quando uma pessoa é adormecida por um magnetizador, ela pode ser obrigada a fazer coisas pelas quais não é responsável. Do mesmo modo, certos médiuns poderosos têm o dom de magnetizar ou hipnotizar os desencarnados, que se materializam com o seu auxílio; não são, pois, responsáveis por tudo quanto dizem. *Não podeis imaginar como nos é difícil tornar-nos visíveis e tangíveis para os nossos parentes e amigos.* Somos às vezes penetrados completamente pelo magnetismo do médium e pelo das pessoas opostas ao fenômeno ou que possam interrompê-lo. Quando interpuserdes bruscamente a vossa influência magnética, os Espíritos-guias deverão submeter-se a ela, ou a manifestação falhará.

"Acho provável — diz Brackett — que essa explicação seja justa, pois estudei a fundo todas as fases da materialização com diversos médiuns, e não hesito em declarar que jamais se obterão bons resultados, se não se levar em conta a influência mais ou menos hipnótica do Espírito-guia (21), quer sobre o médium, quer sobre os desencarnados que se manifestam."

---

(21) Segundo os espiritualistas anglo-americanos, o Espírito-guia seria uma inteligência superior que dirige e

Brackett termina o seu curioso livrinho pelas observações seguintes:

"Não afirmo positivamente que tais seres materializados sejam Espíritos, porém o que posso certificar por experiência é que eles não pertencem a este mundo. Vêm do espaço e para lá voltam.

"Eminando a teoria dos Espíritos e atribuindo só ao homem o poder tão extraordinário da materialização, o assunto se torna científico. Mas, por completas que sejam as vossas investigações acerca de tal fenômeno, desde o momento em que supondes que os Espíritos desencarnados não são estranhos à materialização, o assunto se torna anti-científico. E, na opinião de certas pessoas que se dão ao trabalho de dirigir a opinião pública, não mais sois tidos como sério.

Se, no estudo desses fenômenos, não bastam os atestados de centenas de pessoas dignas de fé, e mesmo os de vários sábios, então há razão para abolir os juízes, os jurados e as testemunhas, como nada mais sendo do que atores que representam uma comédia em nome da Justiça."

Falemos agora de *Eglington*. Como todos os médiuns públicos, ele foi atacado; mas, na realidade, é esmagadora a massa de testemunhos em seu favor. Aliás, só falarei de sessões que se realizaram em casas particulares e em condições que tornam impossível qualquer fraude.

Vejamos em primeiro lugar uma curiosa narrativa de miss Glyn, que extraí da biografia de Eglington por J. Farmer:

"Tenho — diz ela — assistido a diversas sessões de materialização, realizadas em casa de amigos meus; entretanto, *só me dei realmente por convencida no dia em que pude obter em minha própria casa uma sessão à qual assistiram meu pai, meu irmão e um amigo, todos três avessos ao Espi-*

---

domina os outros Espíritos e toma parte nos fenômenos. O demônio de Sócrates era, sem dúvida, um Espírito-guia.

ritismo. Diminuímos a luz, não tanto, porém, que não nos pudéssemos ver mùtuamente (Eglington se achava entre eles, o que é preciso notar.) Eglington caiu em letargia, e cinco ou seis minutos depois ficámos muito impressionados ao vermos uma forma nebulosa passar entre mim e ele. Reconhecendo nessa figura minha falecida mãe, meu pai exclamou: "Sois vós realmente?" — "Sim" — respondeu a forma. — Enquanto a contemplávamos, outra forma menor veio colocar-se entre mim e a primeira e, por diversos sinais íntimos característicos, reconheci que era um irmão meu, que morrera doze ou treze anos antes. *Vendo estas duas formas, e ao mesmo tempo Eglington, que se achava perto de mim e cujas mãos estavam presas, era impossível não me convencer da realidade do fenômeno.* As formas desapareceram lentamente, como que se diluindo no ar."

Numa sessão em casa do Sr. Macdougal Grégory, achando-se *Eglington seguro por duas pessoas,* elevou-se do chão uma forma. Era maior que o médium e estava coberta por umas roupagens brancas. Repentinamente a forma desapareceu, sem dúvida por haver esgotado a força fluídica que lhe permitira mostrar-se. *Também desta vez Eglington se achava entre os assistentes, os quais viram a forma.*

Em 1877 houve uma sessão muito interessante, a que assistiu o doutor Carter Blak (que a descreveu), bem como o capitão James, o Sr. F. Collingwood, o Sr. B. Mawson, o Sr. Cutle e a Sra Tennyson. Eglington, todo vestido de negro, foi colocado num quarto, onde caiu em letargia. Quase imediatamente, viu-se aparecer uma grande figura morena. Tendo algumas pessoas reclamado que essa forma e o médium fôssem vistos ao mesmo tempo, abriu-se o quarto onde este se achava e viu-se então a forma perto de Eglington, que se achava sentado numa cadeira. Como isso não parecesse suficiente a todos, a forma deu alguns passos e colocou-se em frente de Eglington que se levantava e torcia os braços de um modo convulsivo. Desta vez a dúvida não era mais possível — diz o Dr. Blake — e todos os assistentes puderam constatar o fenômeno durante cinco ou seis minutos. Depois, como Eglington *se sentasse novamente, a forma pareceu fundir-se no corpo do médium e unir-se com ele na altura do peito.*

"Logo depois — diz o Dr. Blake — penetrei no quarto, verifiquei que Eglington se achava adormecido, e examinei com cuidado os menores detalhes. Considero esta sessão como realmente notável."

Ainda a respeito dessa forma de cor morena, que tomou o nome de *Abdulah,* eis dois testemunhos igualmente curiosos:

Florence Marryat diz no seu livro ter visto esta forma materializada em condições em que toda fraude era impossível. Não era das que é possível imitar fàcilmente, pois tinha de altura seis pés e duas polegadas, nariz aquilino, olhos negros e todos os sinais característicos dos orientais, que ela teve ocasião de observar longamente na Índia.

A quem disser que o Sr. Eglington pode representar o papel de Abdulah — acrescenta Fl. Marryat — responderei que isso é materialmente impossível.

Não sòmente, em vista da rapidez da materialização, Eglington não teria tempo de se disfarçar para esse papel, como também em Abdulah existe *essa elasticidade dos ossos particular aos orientais e que nenhum inglês ou europeu poderia imitar. As mãos e os pés são também de um oriental."*

Outro testemunho ainda mais importante é o de A. Russell Wallace, naturalista êmulo de Darwin, de quem já falei (22). Eis o que ele diz numa das

(22) Russell Wallace e W. Crookes são dois dos maiores sábios da Inglaterra. Ambos fazem parte da Sociedade Real de Londres (o equivalente da Academia das Ciências, na França.)

cartas particulares que se dignou escrever-me e cuja publicação me permitiu.

"Sei que o Espírito que toma o nome de *Abdulah* aparece sem que se possa imaginar que nisso exista fraude. Vi-o *numa casa particular,* onde Eglington realizou uma sessão em presença de vinte pessoas. Suspenderam uma cortina num canto da sala, onde se reuniam os assistentes, e Eglington sentou-se atrás dessa cortina (não podia, pois, mover-se, sem ser visto por todos os assistentes.) *Abdulah* apareceu, trajado de branco, de sandálias, e com um largo turbante; adiantou-se para mim até à distância de um pé, e pude examiná-lo, pois apenas baixáramos a luz. Imediatamente depois, a forma desapareceu por detrás da cortina que encobria Eglington trajado de preto e em letargia, reclinado numa poltrona. Logo que Eglington despertou, *resolveu-se que fôsse examinado, a fim de se saber se não teria sobre si qualquer coisa com que pudesse disfarçar-se.* Isso pareceu não agradar a Eglington, porém ele aceitou a proposta. Eu e dois amigos fomos escolhidos para proceder a essa pesquisa. Examinámos primeiro as paredes, o tapete, etc., no lugar onde se achava Eglington; depois, conduzimo-lo a um dormitório onde se despiu completamente. Todas as peças do seu vestuário passaram pelas nossas mãos e foram cuidadosamente examinadas. *Não se encontrou absolutamente nada.* O turbante, as sandálias, a túnica branca tinham desaparecido com a forma de Abdulah. Pode acontecer, entretanto, que Abdulah seja o corpo espiritual (psíquico) do médium transfigurado, e, se alguém houvesse segurado bruscamente a forma, teria talvez verificado que era Eglington (voltando à sua forma natural), e tê-lo-iam acusado de impostura.

"Temos muitas provas de que a materialização pode produzir-se de diferentes modos, porém julgo que não é justo chamar impostor a um médium, se ele se transfigura numa materialização. Creio que isso acontece muitas vezes, sem que o médium tenha consciência, e isto é um fenômeno quase tão espantoso como a materialização, que é muito rara.

"Eglington realizou tantas sessões em condições indiscutíveis, e tão grande era o seu poder como médium, que me parece impossível que ele tivesse a estupidez de empregar barbas postiças e roupas de gaze, que logo seriam descobertas.

"Sem dúvida existem falsos médiuns, mas aqueles que têm a pretensão de desmascarar os verdadeiros médiuns só conseguem uma coisa: *provar a sua própria ignorância.*

28 de Março 1893.

(Assinado) *Alfredo Russell Wallace."*

Eis mais uma curiosa carta que ele me escreveu em Dezembro de 1892. Como eu me admirasse de que, no seu livro *Miracles and Modern Spiritualism,* A. Russell Wallace nada houvesse dito do fenômeno da materialização, respondeu-me ele:

"Na época em que escrevi o meu livro, ainda eu não tinha visto materialização, e este fenômeno raramente se produzia na Inglaterra.

"A teoria de que as formas materializadas não são realmente senão o corpo psíquico do médium modificado em aparência *pode ser verdadeira em certos casos,* porém não a julgo geral. Os numerosos casos em que o médium está acordado e consciente quando as formas aparecem, assim como os casos em que muitas formas se mostram ao mesmo tempo, se opõem a semelhante teoria.

"A materialização, como todos os outros fenômenos, chega a diferentes graus de perfeição e se produz provàvelmente de diversos modos. Em certos casos, o corpo psíquico do médium sai dele, e, desprendido de todos os laços materiais, se apresenta de tal modo transfigurado em sua fisionomia e nos seus vestuários, que pode parecer um ente distinto.

"Este gênero de materialização é que serviu de pretexto a tantas pessoas para afirmarem que haviam desmascarado médiuns. E' um fenômeno maravilhoso, mas um pouco menos espantoso que as formas mais perfeitas da materialização. A minha opinião pessoal é que toda materialização é obra de seres espiritualizados, que fazem o possível para se exibirem nas condições ocorrentes no momento da sessão.

"Às vezes, a forma materializada parece apenas uma máscara incapaz de falar, e de se tornar tangível a um ser humano. Em outras circunstâncias a forma tem todo os sinais característicos dum corpo vivo e real, que pode mover-se, falar e mesmo escrever, e cujo calor se revela ao tato (23). Ela tem, sobretudo, uma individualidade e qualidades físicas e mentais completamente diferentes das do médium.

"Tenho visto formas deste gênero em casas particulares onde o médium vinha como simples visitante, sem aparelhos ou malas de artifício e onde qualquer tentativa de fraude, quer do médium quer de comparsas, era completamente impossível.

"Estes entes, reais durante um certo tempo, desaparecem completamente em alguns minutos, e muitas vezes pode-se assistir à sua dissolução. Neste último caso, é difícil deixar de crer que não esteja presente o Espírito que possui esta personalidade.

"As aparições e as materializações não são evidentemente senão modalidades ligeiramente diferentes do mesmo fenômeno (24).

---

(23) Eis um testemunho (entre muitos outros) que destrói completamente a lenda dos fantasmas de mãos geladas e de vozes sepulcrais.

(24) Uma forma materializada não é, provàvelmente, mais do que um fantasma condensado, passando do estado

"Algumas aparições são simples imagens, que se manifestam com um fim determinado e podem imitar tão bem um desenho de fantasia como uma pessoa real.

(Assinado) *A. Russell Wallace."*

A última passagem que sublinhei era resposta a uma pergunta que eu fizera, relativa ao seguinte fato: Eu lera no tratado de Papus sobre a ciência oculta que o Sr. Donald Mac-Nab (engenheiro de artes e manufaturas) lhe mostrara em 1889 uma chapa fotográfica representando a materialização duma jovem que ele pudera tocar, bem como seis amigos seus; ora, esta materialização era apenas a reprodução material dum velho desenho, que datava de muitos séculos e que muito impressionara o médium.

A explicação de A. Russell Wallace me parece muito plausível, além de que eu creio que esse velho desenho, que tanto impressionara o médium quando este se achava acordado, podia perfeitamente ser o retrato de uma moça falecida muitos séculos antes e que nessa ocasião se *materializasse.*

Não creio, porém, como Papus, que neste caso a *ideia do médium* se tenha *objetivado,* aliando-se a certas forças pouco conhecidas da Natureza. A teoria das ideias-forças me parece ainda bastante incerta e muito metafísica. Prefiro a quaisquer teorias, por mais engenhosas que sejam, fatos bem precisos e documentados.

Devo enfim constatar que Papus não considera essa hipotese como uma explicação suficiente de todos os fenômenos, entre outros dos casos em que o fantasma (ou corpo psíquico) do médium aparece por detrás das formas materializadas (experiência do pintor James Tissot.)

---

fluídico ao estado semi-material, como o vapor d'água se pode transformar em gelo.

Eis esta experiência tal como a refere J. Farmer, na sua biografia de Eglington:

"A sessão realizou-se na casa do pintor J. Tissot, e, além dele e do médium, só estavam presentes duas senhoras e um cavalheiro. O Sr. Eglington sentou-se numa cadeira perto do Sr. Tissot e nela se conservou durante todo o tempo. *As portas foram fechadas à chave.* Alguns instantes depois, duas formas apareceram lado a lado, à esquerda do Sr. Tissot. A princípio indistintas, pouco a pouco se tornaram visíveis a ponto de se poderem distinguir todos os seus traços. A forma masculina trazia na mão uma espécie de luz muito viva com a qual iluminou o rosto da forma feminina. O Sr. Tissot reconheceu imediatamente a última, e, muito comovido, pediu-lhe que o beijasse, o que a forma fêz repetidas vezes; viu-se-lhe o movimento dos lábios; depois, desapareceu."

O que tornou o fenômeno ainda mais impressionante foi o fato de aparecer o corpo psíquico de Eglington através das outras duas formas. *Houve, pois, uma tríplice materialização.*

Este caso prova que todas as materializações não se podem explicar pelo fato de se transfigurar o corpo psíquico do médium, ou de servir ele de invólucro à inteligência desencarnada que se manifesta.

Assim, na sessão realizada em casa do Sr. Tissot, duas formas materializadas se apresentaram independentemente do corpo psíquico do médium.

O Sr. A. E. White, escritor inglês, que muito tratou das ciências ocultas, dá uma explicação bastante original dessas materializações múltiplas; diz que a segunda forma materializada sai da primeira, e a terceira da segunda, como uma grande bolha de sabão gera outras. E' uma simples hipótese, embora muito curiosa, porém creio que ainda por muito tempo ignoraremos as leis que presidem à materialização. Em todos os casos, *elas se ligam bastante à criação do homem,* e, no dia em que pudermos conhecer suas leis, um dos maiores segredos da Natureza nos terá sido desvendado.

Voltemos a Eglington. Durante uma estação que ele fêz na casa do Dr. Nichols (nas águas de Malvern), este senhor efetuou uma sessão íntima de materialização, que descreveu detalhadamente. Improvisou um gabinete escuro suspendendo dois chales num ângulo da sala, e Eglington sentou-se nessa espécie de reduto. Seis pessoas se achavam presentes: o doutor, sua esposa e quatro amigos. *A sala estava iluminada por uma vela em frente da qual o doutor colocou as mãos à guisa de quebra-luz, a fim de impedir que a luz prejudicasse a realização do fenômeno.* A primeira forma que se apresentou foi a de uma criança de três ou quatro anos, a qual surgiu perto de Eglington, na abertura deixada pelos dois chales.

Esta forma desapareceu muito ràpidamente, e foi substituída por uma indiana de cerca de treze anos. Tendo o doutor manifestado o desejo de ver de perto esta forma, ela chegou-se ao sofá em que ele se achava e beijou-lhe a mão. A figura — diz o doutor — era corpulenta e as roupas que a envolviam eram àsperas ao tato, embora parecessem diáfanas. Em seguida, apareceu uma cabeça sem corpo visível, a qual se sumiu para pouco depois reaparecer com um corpo trajado de branco. A forma caminhou para a mesa da sala e impeliu-a para diante, sem dúvida para mostrar que o podia fazer. Uma das senhoras presentes reconheceu nela seu marido, morto quatro anos antes. A forma caminhou para o doutor e fitou-o com olhar tão penetrante, que ele, aterrorizado, exclamou: "Retirai-vos!" A forma dirigiu-se então para sua esposa, beijou-a na fronte, encaminhando-se em seguida para o lugar em que se achava Eglington, onde desapareceu. O que houve de característico nessa sessão foi o fato de ficar o médium sentado num ângulo da sala, portanto, *absolutamente blo-*

queado, não podendo sair sem ser imediatamente visto.

Pode-se, pois, concluir daí que as formas que apareceram eram seres desencarnados, os quais tomaram, para se manifestarem, o corpo psíquico do médium.

Outra sessão se realizou em casa do Dr. Nichols, *em pleno dia* (o que é um caso bem raro), na mesma sala e com as mesmas precauções.

"Como a luz, mesmo natural, obsta as materializações, tínhamos — diz o doutor — fechado as cortinas das janelas, o que tornara a sala bastante sombria. Uma forma muito alta saiu do ângulo do salão onde se achava Eglington. Uma das senhoras presentes disse que o seu falecido marido tinha a altura de seis pés e três polegadas, porém que não reconhecia na forma presente a fisionomia dele. Imediatamente a forma atravessou a sala, levantou uma das cortinas da janela, expondo-se à plena luz do dia; a senhora o reconheceu então perfeitamente.

"Colocando-se diante de nós, a forma se desmaterializou lentamente, e dela nada mais ficou senão a extremidade inferior do corpo, que se evaporou sùbitamente.

"Tendo a Sra. Nichols manifestado o desejo de ver *juntos* o médium e uma das formas, imediatamente Eglington, de olhos fechados, apareceu entre as cortinas abertas, tendo ao seu lado a forma da jovem índia que já tínhamos visto.

"Tais sessões — diz o Dr. Nichols — foram efetuadas numa sala cujas janelas se acham a trinta pés do solo. As pessoas presentes eram amigos em quem tenho confiança, e o seu número nunca excedeu de seis. Conheço perfeitamente tudo quanto se pode conseguir por meio de ventriloquia, prestidigitação, habilidade manual, etc.; mas fora pueril falar em tais recursos, quando se trata de fenômenos psíquicos."

Tanto mais curiosa é uma das experiências

realizadas em casa do Dr. Nichols, quanto premeditadamente se tinham acumulado para ela todas as dificuldades. O médium (Eglington) fora encerrado numa espécie de gaiola, cercado por um fio, e a porta dessa gaiola foi fechada e por nós selada. Por cúmulo de precaução, espalhou-se farinha em torno da gaiola. Era, pois, humanamente impossível sair dessa gaiola sem ser descoberto; ora, em tais casos, quando um prisioneiro foge está salvo; mas, quando o mesmo acontece a um médium, ele está perdido. Apesar deste luxo de precauções, as materializações se realizaram.

Em outra sessão, fizeram-se experiências sobre o seguinte ponto: Até que distância uma forma materializada pode afastar-se do seu médium?

O doutor obteve a resposta seguinte:

"Quanto mais a forma materializada se afasta do médium, tanto mais carece da força vital deste, e em certos casos a vida do médium depende da prontidão com que a forma volta a ele."

"Há experiências que esgotam o médium — diz o doutor — pois desta vez Eglington despertou em estado de absoluta fraqueza, coberto de suor, embora o tempo estivesse bastante fresco."

O Sr. Dawson Rogers (um dos fundadores da Sociedade de Pesquisas Psíquicas) conta que em 23 de Maio 1884 realizou-se em sua casa uma sessão *tanto mais curiosa quanto Eglington estava sentado no meio dos assistentes*, entre a esposa do Sr. D. Rogers e ele. De repente, apareceram uma cabeça e um busto; o rosto era de uma semelhança notável com o de Franck, filho do Sr. Dawson, falecido havia doze meses. A forma passou o braço em torno do pescoço do Sr. Dawson e beijou-o. A imagem da mãe da Sra. Dawson apareceu também, perfeitamente reconhecível.

Em 1878, Florence Marryat e seu marido, o coronel Lean, assistiram a uma sessão em que apareceu Emília, irmã de Fl. Marryat, falecida havia seis anos.

Para terem certeza de que não eram vítimas da sua própria imaginação, o coronel Lean e sua mulher pediram às pessoas presentes que descrevessem a forma. Descreveram-na como a viram; e, quando Emília lhes estendeu a mão, perguntaram novamente aos assistentes o que fazia a forma. A resposta confirmou novamente o que eles viam. Fl. Marryat e seu marido a ninguém haviam dito que, numa mensagem de escrita direta, Emília os prevenira de que se faria reconhecer perfeitamente não só pela semelhança como também por aquele gesto.

Numa sessão *em casa de amigos,* Fl. Marryat diz que se sentara ao lado de Eglington, quando a forma materializada se desprendeu do seu corpo, havendo boa luz. Eglington tinha os olhos fechados e respirava fortemente. Vimos uma substância esbranquiçada e nebulosa sair do quadril esquerdo do médium; pouco a pouco essa nuvem aumentou de volume; depois, evaporou-se repentinamente, e em lugar dela uma forma inteiramente materializada se colocou na frente de Eglington. Eis os nomes dos assistentes dessa memorável sessão: C. Lean, Russell-Davies, R. Stuart, A. Vynch, Eva Stevens, F. Marryat, W. Morgan e Florence Marryat (Sra. Lean.)

John Farmer (biógrafo de Eglington) interrogou cada uma dessas pessoas separadamente, e as narrativas concordam perfeitamente, salvo em ligeiros detalhes. Denominar isto de alucinação coletiva, seria *positivamente* pueril. As pessoas de visão normal poderão achar estes fatos inverossímeis, mas as pessoas de bom senso normal hão-de pensar que neles existe um fenômeno estranho, cujas leis são ainda desconhecidas.

J. Farmer diz que, desde 1885, tem feito numerosas pesquisas *sobre essas formas materializadas.*

"Caracteres incompletos — acrescenta ele — têm tornado perplexas as pessoas que se têm ocupado do mais delicado e do mais espantoso dos fenômenos psíquicos. Resultados importantes têm sido obtidos, porém ainda estamos no começo do inquérito."

J. Farmer observou, como outros psiquistas, que, durante a gestação do fenômeno da materialização, uma espécie de laço fluídico liga a forma materializada ao médium. Há uma analogia bem curiosa entre esse laço fluídico e o cordão umbilical que liga a criança à mãe.

Durante todas as sessões de materialização, J. Farmer tomava notas, como também fizeram W. Crookes, o Barão Hellenbach e muitos outros, que sabiam que esse fenômeno nenhuma relação tem com o que a ciência oficial chama alucinação.

Estes fenômenos de materialização são espantosos, mas não esqueçamos que têm aspectos *muito perigosos* e que não se deve admitir a assistência a essas sessões senão de pessoas que se achem ao corrente das coisas psíquicas.

Os antigos, que não eram mais estúpidos do que nós, haviam estabelecido nos templos da Caldeia, da Índia e do Egito graus de iniciação ou ensino psíquico. Ao profano não se permitia mais a liberdade de conhecer certos segredos ou de ver determinados fenômenos, do que hoje se permite a qualquer estranho a entrada numa estação telegráfica ou num laboratório fotográfico. O ignorante desarranjaria tudo, tudo quebraria, sem por isso ficar sabendo mais.

Um magistrado firmou o princípio de que um fato pode ser estabelecido pelo testemunho de pessoas de boa fé, segundo o lugar, o tempo e as circunstâncias em que esse fato se realizou. Pode-se aplicar este princípio aos fenômenos psíquicos, mesmo os mais estranhos, como a materialização, pois os fatos que cito são todos atestados por pessoas de boa fé, de caráter frio e calmo, e por muitos sábios, em diversos países.

As afirmações de dez homens sòmente, que

viram e estudaram a passagem de Vênus, são mais valiosas que as negações de dez mil homens ou mais, que não viram nem estudaram esse fenômeno astronômico.

Um dos mais poderosos médiuns de que nos fala Fl. Marryat é o Sr. Arthur Colleman, *que só fazia experiências particulares ou em casa de amigos.* Em casa dos esposos Neville, realizou-se uma das mais curiosas sessões de materialização.

O Sr. Colleman foi colocado numa pequena sala, que tinha uma porta fechada à chave, e aberta outra porta que dava para uma sala maior. O Sr. Colleman foi atado a uma cadeira com uma linha que o menor movimento partiria, e os seus braços foram ligados atrás das costas. *A sala era iluminado por um bico de gás,* e, apesar de todas essas condições particulares, várias materializações se produziram. Durante um momento — diz Fl. Marryat — houve nada menos de seis formas presentes, e os assistentes eram apenas cinco; depois, a forma astral ou fluídica de A. Colleman apareceu também, com profunda estupefação nossa.

Logo depois desapareceram as outras formas, e entrámos na segunda sala em que o Sr. Colleman continuava adormecido, como o deixáramos, estando intactos os nós.

Um fato curioso — diz Fl. Marryat — é que as aparições nunca surgem quando esperadas ou desejadas; aparecem sempre de um modo imprevisto.

*

* *

Eis outros casos de materialização referidos por H. J. Brown, inglês da Austrália, de quem já falei.

Tendo sabido que havia em S. Francisco uma excelente médium, a Sra. Moore, combinou com essa senhora uma sessão particular à qual só devia estar presente a família.

A Sra. Moore permitiu vistoriar toda a sua casa e a sala onde devia realizar-se a sessão.

O pai e a mãe do Sr. H. J. Brown se materializaram e foram reconhecidos por eles. A governanta de seus filhos, miss Reia, viu e reconheceu vários parentes; porém o fenômeno mais curioso foi a aparição de um sacerdote que miss Reia conhecera; como para indicar que não podia falar, levou a mão à garganta, e desapareceu em seguida. Nessa época, miss Reia não sabia que esse sacerdote morrera; mais tarde, porém, chegando a Nova Iorque, soube que ele sucumbira de um *câncer muito doloroso na garganta.*

O que houve de característico nessa sessão foi pensarem os assistentes que, mostrando a garganta, a forma materializada do sacerdote queria indicar que não podia falar, ao passo que o seu fim era dar a entender que fora acometido de uma moléstia da garganta.

Os dois fatos reunidos se completam de um modo notável. Em outra sessão com as mesmas pessoas, houve uma materialização não menos interessante. Um mecânico chamado Charlie, que trabalhava por conta do Sr. Brown, na Austrália, foi vítima de uma imprudência. Transportaram-no agonizante a Melbourne. Poucas palavras pôde pronunciar. O Sr. Brown compreendeu que ele lhe recomendava sua mulher. Graças a uma subscrição, pôde esta obter uma pequena loja, que a livrou de cair na miséria. "Não pensava nesse homem, pois tenho dado trabalho a uma infinidade de operários; não admira, portanto, que não o reconhecesse quando ele surgiu diante de mim. De repente minha mulher, que examinara perfeitamente a forma, exclamou: "E' o homem que foi esmagado em nosso estabelecimento!"

A fisionomia da forma materializada iluminou-se; acenou afirmativamente com a cabeça, e, aproximando-se, disse em voz baixa: "Obrigado, obrigado."

O que há de mais curioso neste fato, é que a aparição não se verificou na Austrália logo após o acontecimento; porém muito tempo depois, na América, durante uma viagem, e quando esses detalhes estavam esquecidos.

Numa sessão realizada na Austrália, em casa de um dos amigos do Sr. Brown, suspendeu-se uma cortina num ângulo do salão, e o médium, *que era também um dos seus amigos,* colocou-se detrás dessa cortina. *Sem ser visto, ninguém podia entrar nesse gabinete improvisado, nem sair dele.*

A primeira forma que apareceu era a do filho do Sr. Brown, que falecera em viagem. Enquanto o Sr. Brown examinava essa forma, sem dizer nada, vários assistentes exclamaram: *"Ali está Willie Brown."* Isso me certificou — disse o Sr. H. J. Brown — que eu não sonhava.

"Outro filho seu materializou-se igualmente. E' necessário notar — observa ele — que seus filhos tinham cerca de seis pés de altura e as formas tinham as mesmas dimensões, ao passo que o médium era de altura regular. As formas tentaram falar, mas não puderam. Uma dúzia de outras formas materializadas se apresentaram depois de meus filhos.

"Compreendo perfeitamente — disse o Senhor Brown — *que aqueles que ainda não assistiram a sessões particulares de materialização hesitem em admitir fenômenos tão extraordinários; quanto a mim, não duvido que os desencarnados possam reaparecer sob formas que são a reprodução exata dos seus corpos físicos de outrora."*

Não me cansarei de repetir que essas formas não são corpos de carne e osso, porém imitações de corpos cuja substância real nos é, em parte, desconhecida. Ela é, provàvelmente, composta de parcelas vitais e de matérias radiantes tomadas ao médium e às pessoas presentes.

"Quanto à semelhança com uma pessoa morta, muitas vezes ela não é logo completa — disse-me o Sr. A. Russell Wallace numa das suas cartas. — Às vezes, numa mesma sessão, uma forma aparece em diferentes graus de semelhança com o que era durante a vida. Tais entes não parecem em estado de dizer como se materializam.

"E' uma faculdade exercida pela vontade de certos Espíritos superiores (aqueles a que os espiritualistas anglo-americanos chamam Espíritos-guias) e, provàvelmente, este dom é tão raro entre os desencarnados como o são os médiuns de materialização entre os encarnados."

Como se vê, estes fenômenos são de natureza muito complexa, e o seu estudo, por isso mesmo, é difícil, pois os médiuns de materialização são raros, e os poucos que se podem encontrar não fazem muita questão de se prestarem a experimentadores mais ou menos científicos.

O Sr. Donald Mac-Nab (ùltimamente falecido), engenheiro de artes e manufaturas, é uma das raras pessoas que na França têm podido fazer experiências de materialização. Publicou-as em 1888 e 1889; mas, quanto às suas teorias para explicar o fenômeno, elas se acham em tamanha oposição com as experiências deste gênero feitas em muitos países, que são pouco admissíveis. O Sr. Mac-Nab quis provocar os sábios; estes, porém, não se deixaram cair na cilada. Eis a frase com que ele os mimoseia:

"As experiências de W. Crookes e de Aksakof (conselheiro do czar), a respeito das materializações, são de tal modo peremptórias, que é preciso ter nos olhos as escamas do cientificismo oficial, para não considerá-las clássicas e definitivas. Não tenho que examinar se a materialização é um fato verossímil ou não; a verossimilhança não é um caráter científico; digo sòmente que *isto é verdade,* porque *vi, senti, fotografei, em condições em que a minha boa fé não podia ser ilaqueada. Tais experiências são excessivamente graves,* e um observador qualquer, mesmo médico, não está apto a fazê-las. Há uma multidão de precauções a tomar, e, desprezando-as, nada se obtém, ou sobrevêm acidentes.

"Nem sempre essas formas são completas; muitas vezes observei mãos e braços isolados, cabeças, roupas. O fantasma, às vezes, tem a fisionomia do médium, mas outras vezes a aparência física é completamente diversa. Em todos os casos que observei a forma representava uma mulher, ao passo que o médium era um homem barbado" (25).

E' curioso constatar que todas as narrativas de materialização, na Inglaterra, na América, na Rússia, na Suécia, na Alemanha, na Áustria, na França, são inteiramente concordantes. Eis o que a este respeito diz o Sr. Mac-Nab:

"A princípio, saem do peito do médium vapores esbranquiçados. Uma bola de fogo move-se diante dele, e cerca-se de uma espécie de estofo que se agita incessantemente, arredondando-se. Forma-se a cabeça, surgem as mãos, a aparição caminha sem falar. E' uma espécie de geração espontânea."

Julgo que há uma analogia bem sensível entre este processo de formação e aquele que nos ensinaram a propósito dos planetas. Que nos dizem os astrônomos? A princípio, a Terra era incandescente e rodeada de uma parte gasosa e nebulosa; girava sobre si mesma e, quando a parte nebulosa se evaporou, a Terra apareceu inteiramente formada.

Na materialização, uma bola de fogo, cercada duma parte gasosa e nebulosa, gira sobre si mesma, e, quando a parte vaporosa desaparece, a forma apresenta-se inteiramente materializada. Dir-se-ia um processo idêntico, e cada vez mais me convenço de que a materialização tem relações bem íntimas com as leis da criação.

Na Rússia, Aksakof estudou estes fenômenos

---

(25) Isto é uma prova inconcussa de que a forma **não** é sempre um fantasma do médium.

e obteve na parafina moldes de mãos materializadas, que são uma das provas mais inconcussas da realidade dos fatos. O Sr. de Bodisco, camarista do czar, publicou na *Iniciação* de 1893 experiências muito curiosas de materialização que ele fêz com a senhorita K.

"Não hesito — diz ele — em declarar que o corpo astral (ou psíquico) é o mais importante de todos os corpos na Natureza, apesar de persistirem em ignorá-lo as ciências experimentais.

"Este corpo é governado por leis cujo estudo levará luz a muitos corações que procuram ser consolados por uma prova real da vida futura.

"Este corpo constitui a única parte material *imperecível* do corpo humano. E' o *zoo-éter,* matéria primordial ou força vital."

Quatro fotografias foram obtidas pelo Sr. de Bodisco; mostram os diversos graus de materialização, desde a aparição do fluido astral ou psíquico cercando o corpo do médium, até a condensação de uma forma, da qual apenas se vê a cabeça, parecendo o resto do corpo envolvido numa espécie de gaze. Ao lado da forma, percebe-se o médium em letargia sobre uma cadeira. Estas fotografias oferecem os mesmos aspectos que três desenhos do Sr. Keulemans, pintor inglês, o qual estudou muito a materialização. Fêz *a pastel* diversos desenhos *durante* as sessões a que assistiu e *depois* delas.

O primeiro representa o médium em letargia, com o peito cercado duma substância nebulosa.

No fim de pouco tempo — diz o Sr. Keulmans — vê-se (as sessões se realizaram a meia-luz) um objeto sombrio (com um ponto luminoso no meio), que gira circularmente.

No segundo desenho, o ponto luminoso vai aumentando, bem como a parte nebulosa. O terceiro desenho nos apresenta a forma materializada diante do médium, que se acha de pé e tem os olhos fechados; um dos assistentes parece sustentá-lo.

Um laço fluídico, como uma cadeia de estrelas luminosas, liga a forma materializada ao médium.

O Sr. Keulemans desenhou também diferentes luzes, que aparecem nessas sessões de materialização. A temperatura das luzes vermelhas é *a do sangue humano quente;* são uma espécie de discos brilhantes que, muitas vezes, estão presos por mãos luminosas. *Algumas partes desses discos se assemelham exatamente à matéria cinzenta do cérebro;* o seu poder irradiante é mais ou menos notável.

Pode-se supor que tais discos são apenas matéria irradiante ou luz ódica de Reichenbach; porém a mão luminosa que segura esses discos torna a questão ainda mais complexa.

Às vezes — diz o Sr. Keulemans — tais luzes tomam a forma duma cruz (o que é, pelo menos, esquisito.)

*

* *

Falemos agora do Barão Hellenbach, filósofo austríaco, que muito escreveu sobre os fenômenos psíquicos. Estudou a materialização com dois médiuns alemães, Bastian e a senhorita Tœpfer, que foi de Leipzig a Viena por convite do Barão.

Este teve com ela várias sessões, das quais a mais curiosa foi aquela em que a médium (Tœpfer), sentada num sofá, foi envolvida numa rede pregada por todos os lados ao soalho. A senhorita Tœpfer não podia, pois, sair dessa prisão de novo gênero. Apesar de tudo, as materializações se deram. Um médico, o Dr. Fiel, e duas outras pessoas assistiram à sessão. "Apareceu uma forma — diz Hellenbach, que não só me permitiu tocá-la, mas ainda acompanhá-la até perto da médium. A forma levantou então a cortina, e, graças à luz que penetrou no aposento em que se achava a senhorita Tœpfer, pudemos vê-la adormecida, tendo diante a forma em pé. A médium estava muito pálida e os braços lhe pendiam ao longo do corpo."

Não se deve esquecer que a sessão se realizou na casa do Barão e que a médium não podia levar consigo um comparsa.

Com Bastian, Hellenbach teve também diversas sessões. Numa das mais interessantes, seis formas materializadas apareceram sucessivamente: 1.° um homem trajado de preto, barbado, do qual só se viu o busto; 2.° uma mulher alta, de cabelos negros e cuja fisionomia não era nítida; 3.° uma menina de cerca de doze anos, loura e vestida de branco; 4.° um índio de sete pés de altura; 5.° uma religiosa vestida de branco; 6.° um homem de rosto glabro.

Dadas as precauções tomadas, o médium (Bastian) não podia personificar essas seis formas ou fazer-se auxiliar por comparsas.

*

* *

Casos muito curiosos de materialização têm sido recentemente estudados na América.

No mês de Outubro 1892, *a pedido do professor Elliott Cowes,* a Sra. Lucy Stout, americana do Michigan (Estados Unidos), publicou, no *Religio-Philosophical-Journal,* a descrição duma sessão particular de materialização, à qual ela assistiu.

"Posso — diz E. Cowes — garantir a perfeita boa fé da Sra. Stout e as suas grandes qualidades de observação."

A sessão foi realizada numa casa de madeira, em Kansas City. Seis pessoas estavam presentes, além da médium, a Sra. Roselle, esposa de um pobre lavrador tão ignorante quanto ela. A casa só tinha dois compartimentos, que a Sra. Stout examinou cuidadosamente. Improvisou-se com uma cortina um gabinete escuro num ângulo do aposento, e os assistentes se enfileiraram em torno da cortina. Diminuiu-se a luz da lâmpada, de modo, porém, que se pudessem ver e distinguir perfeitamente os assistentes e seus menores movimentos.

Entre as formas que se materializaram, uma foi reconhecida por um dos assistentes e sua esposa, que declararam à Sra. Stout que ela representava exatamente uma sua filha, falecida alguns meses antes. Se não é ela — disseram — a semelhança é pelo menos mais que extraordinária, pois a fisionomia não tem absolutamente traços da médium. "O que mais me impressionou — disse a Sra. Stout — foi que essa forma, aproximando-se do gabinete onde se achava a médium, se tornava nebulosa e transparente, transformando-se depois numa massa luminosa, que por último desapareceu. No fim da sessão abriram-se as cortinas do gabinete, e a Sra. Stout viu a médium numa espécie de estado de prostração e banhada de suor frio. *A desmaterialização foi observada pelos assistentes.*"

No fim de 1891, a *Sociedade de Pesquisas Psíquicas dos Estados-Unidos,* presidida pelo reverendo M. J. Savage, de Bóston, procedeu a diversas experiências, das quais merece citada a mais importante.

A descrição dessa memorável sessão foi assinada pelos membros presentes da referida sociedade, que conta homens como o Dr. Heber Newton, o Sr. A. Livermore e um certo número de pessoas de nomeada nas ciências e nas letras. Outro sacerdote (muito conhecido na América), que é também membro dessa sociedade, estava presente à sessão; declarou depois que julgava impossível e ridículo explicar tais fatos por teorias de fraude e ilusionismo. A médium era a Sra. Robert, de Nova Iorque, e a sessão realizou-se numa sala (ordinàriamente pública) em Orset (Massachusetts). Havia-se construído uma grande gaiola de arame, sustentada por uma armação de madeira. Essa gaiola foi feita por um hábil operário, que soube torná-la muito sólida. Na frente da gaiola havia uma porta, disposta de modo a poder ser fechada com um cadeado. Essa gaiola foi colocada ao longo da parede da sala que fica no segundo andar, *e onde só se pode entrar por uma porta.* Antes que a médium entrasse na gaiola, a sua roupa foi examinada por uma senhora, que declarou que essa roupa era de cor escura (mais tarde ver-se-á a importância deste detalhe.) Quando soou a hora da sessão, havia na sala cerca de sessenta pessoas, a cuja frente se achavam os membros da sociedade psíquica. Na assistência encontravam-se médicos, que tinham vindo especialmente para observar o fenômeno em condições tão novas.

A Sra. Robert, que era magra e de pequena estatura, parecia pálida e ansiosa, pois as condições eram absolutamente inusitadas. Às oito horas, a Sra. Robert entrou na gaiola; imediatamente a Comissão, composta do reverendo Sr. Savage e dum eminente doutor, fechou a porta com um cadeado. Além disso, coseram-se com um fio grosso os dois lados e o centro da porta, que foi selada com lacre, adaptando-se a este um sinete especial. Fêz-se tudo isto para impedir *materialmente* que a médium saísse da gaiola. Depois, baixou-se a luz e a sessão começou.

Mais de *trinta* formas saíram do lugar onde se achava a médium, e materializaram-se na presença dos assistentes, no espaço duma hora.

As diversas formas que apareceram eram grandes ou pequenas e foram reconhecidas por aqueles a quem se dirigiram. A materialização de diversas formas fora da gaiola apresentou um espetáculo dos mais comoventes. A princípio, aparecia no soalho uma mancha branca e nebulosa (em frente à gaiola); pouco a pouco crescia, até que a massa nebulosa tomava a forma de um ser humano *vestido de branco.* Viam-se os movimentos das mãos manipulando esse vapor branco e tornando-o gradualmente consistente. Em seguida uma forma humana, inteiramente desenvolvida, se mostrava aos assistentes. Então, com uma expressão de radiante alegria, a forma se dirigia a alguma das pessoas presentes, ouvindo-se as palavras *mãe* ou *irmã,* murmuradas baixinho, depois do que a forma voltava, como que pesarosamente, à médium e desaparecia.

Apareceram também algumas formas de homens altos e fortes, sendo a médium uma mulher baixa e delgada, o que neste caso torna absolutamente improvável a teoria de que a forma é o *duplo* do médium. A mais maravilhosa das manifestações foi, porém, a seguinte: a médium, Sra. Robert, apareceu sùbitamente em frente à gaiola, caminhando lentamente para os espectadores estupefatos. Aumentou-se a luz, e os membros da Comissão examinaram a gaiola.

O cadeado estava bem fechado, *intactos os fios com os respectivos selos,* e, no entanto, a médium, que se sentara na gaiola em presença da Comissão, se achava fora dela. A pedido da Comissão, a médium, interrogando os Espíritos ou Inteligências que haviam produzido esse fenômeno, obteve como explicação que eles tinham *desmaterializado* ou desagregado momentâneamente a porta da gaiola.

Segundo a doutrina da constituição atômica da matéria, a ciência física afirma que todo corpo sólido não é mais que uma agregação de átomos vibrantes e girantes. Pode-se, pois, supor que Inteligências superiores têm a faculdade de desagregar a matéria por meios que ignoramos, e de reintegrá-la em sua forma primitiva, com rapidez muito maior do que aquela com que podemos transformar o gelo em água e água em gelo.

O Dr. Paul Gibier (26), que foi obrigado pelos seus colegas a exilar-se na América, declarou ùltimamente que era forçado a admitir o fenômeno

(26) Exerceu o lugar de diretor do Instituto Pasteur em Nova Iorque, mas já faleceu. Autor do livro — "Análise das Coisas".

da materialização. Para evitar qualquer surpresa, mandou fabricar uma gaiola que oferecesse todas as garantias necessárias; tendo colocado essa gaiola num canto do seu quarto, encerrou nela a médium. Repetidas vezes o doutor obteve formas materializadas, de modo a excluir qualquer espécie de dúvida. "Em que consistem essas formas? — diz o doutor. — E' impossível dizê-lo. São talvez emanações do médium ou do seu corpo astral". Vê-se que o Dr. Paul Gibier progrediu depois da sua saída de França, e *o outro mundo* da América foi para ele um mundo melhor. Nestes últimos tempos, tem havido experiências curiosas de materialização, em Berlim, Gotemburgo (Suécia) e Cristiânia (Noruega).

A de Berlim foi descrita pelo Dr. C. Wittig, enviado por Aksakof, que publicou o seu relatório no jornal *Psichische Studien,* de Leipzig.

A sessão realizou-se em 16 de Setembro 1893 e a médium, Sra. E., sentada diante dos assistentes, podia ser vista por todos, graças à luz dum bico de gás, que se velara com papel vermelho. O doutor enumera as precauções que foram tomadas, e diz que cerca de vinte formas de todo gênero apareceram nas duas horas que durou a sessão.

Outro jornal alemão, *Die Ubersinliche Welt,* insere relatórios dessas sessões de Berlim, feitos por diversas pessoas de caráter muito independente. O Sr. E. Gottschalk diz que, na segunda sessão, viu *simultâneamente* a médium e a forma materializada; acrescenta que a seriedade das pessoas presentes exclui qualquer suspeita de fraude, além de que ele jamais perdeu de vista a médium. Repetidas vezes, apareceram duas formas ao mesmo tempo.

Os relatórios do professor C. de Cynski e do Sr. Rahn, editor do jornal, concordam em todos os pontos importantes. O Sr. Rahn cita um fato que julga importantíssimo e que confirma tudo o que eu mesmo pensava acerca do fenômeno. Viu sair de cima e por detrás da cabeça da médium uma nuvem esbranquiçada, que desceu até o soalho à frente da Sra. E., e depois se transformou numa coluna luminosa de cinco ou seis pés de altura. De repente, uma espécie de forma, que parecia emergir da médium e se assemelhava a ela, entrou na coluna luminosa e se transformou em aparição, que deslizou por entre os assistentes. O Sr. Rahn levantou-se imediatamente e, inclinando-se sobre a médium, viu-a em letargia em sua cadeira. Parece, pois, certo ao Sr. Rahn que o corpo astral (ou psíquico) do médium serve às vezes para formar e animar essas aparições, e julga ter tido ocasião de examinar o processo. Satisfez-me ver essa opinião (que sempre tive) confirmada *de visu* por um experimentador.

Em *Gotemburgo* (Suécia) as sessões se efetuaram com o médium entre os assistentes, o que só é possível para um médium mui poderoso.

Em *Cristiânia,* os membros da secção de pesquisas psíquicas realizaram duas sessões, em 26 e 28 de Março de 1893; constataram, como outros muitos experimentadores, que uma nuvem vaporosa parecia sair do peito e da ilharga esquerda do médium; em seguida, várias formas apareceram.

Num estudo sobre os fantasmas dos mortos, o professor F. H. Myers diz que o seu amigo Gurney constatou vários casos em que aparições luminosas têm relação com as *aparições verídicas.*

"Às vezes — diz ele — o fantasma aparece como que iluminado num fundo sombrio, outras como um disco, uma oval ou nuvem luminosa. Muitas vezes o fantasma não tem figura reconhecível, mas se assemelha a uma bola de luz, etc.".

Mas isto se aproxima muito da materialização e de alguns dos seus efeitos. Paciência! O Sr. F. H. Myers, que sempre se mostrou mui reservado a respeito da materialização, chegará a estudar este fenômeno tão minuciosamnte como estudou os fantasmas dos vivos e dos mortos.

Agora passemos em revista todas as opiniões e teorias emitidas a propósito deste assunto.

II

Opiniões e teorias

A teleplastia ou materialização é um fenômeno tão complexo, que me parece impossível explicá-lo atualmente dum modo preciso. O que apenas podemos fazer é enumerar e apreciar as diversas opiniões e teorias emitidas sobre o assunto.

1.° — O ser materializado é um *duplo* do médium, o que quer dizer que o seu corpo espiritual (segundo S. Paulo) ou o seu corpo astral (segundo os ocultistas) ou o seu perispírito (segundo os espíritas) sai dele e forma um *alter-ego* psíquico ou fluídico do médium, assemelhando-se-lhe às vezes de um modo notável. Por outro lado, essa semelhança desaparece muitas vezes, desde a segunda sessão; além de que, quando há três formas presentes ao mesmo tempo, esta hipótese se torna insustentável.

Da minha parte, creio que o corpo psíquico do médium serve de invólucro ao ser que se materializa, quer seja um Espírito, como dizem os espíritas, quer seja um *elementar,* como o chamam os ocultistas. Denominando-os *Espíritos elementares,* estou convencido de que não se ficaria longe da verdade, pois na maior parte das vezes são Inteligências bastante inferiores que se manifestam por esse modo. Há numerosas exceções, e as mais notáveis dizem respeito à materialização de parentes ou amigos que desejam ver-nos e provar-nos sua sobrevivência.

Um ser desencarnado, não se achando no nosso plano de existência, necessita evidentemente duma forma material e terrestre para tornar-se visível e tangível aos nossos sentidos materiais. O corpo psíquico do médium serve de proteção contra todas as ações ambientes ou dissolventes, como a da luz, e é nesse invólucro que se opera tal criação momentânea.

Quando a forma não tem mais a potência vital e psíquica suficente, é obrigada a entrar novamente no corpo do médium. Quando, pelo contrário, a forma pôde materializar-se bastante para quebrar o laço fluídico que a liga ao médium, torna-se uma espécie de individualidade completa, podendo andar, falar, desaparecer e reaparecer à vontade. Isto pode parecer inverossímil, porém, como disse o poeta:

Le vrai peut quelquefois n'être pas vraisemblable (27).

2.° — As formas são alucinações do espectador. Pode-se admitir que uma pessoa, em diversos estados mórbidos, tenha falsas percepções; mas supor que dez ou quinze pessoas de perfeita saúde, entre as quais algumas incrédulas, possam estar todas alucinadas ao mesmo tempo e vejam todas do mesmo modo as mesmas formas — é uma hipótese absolutamente pueril, tanto mais quanto se podem fotografar essas formas e as placas sensíveis não podem ficar alucinadas: *onde nada existe, nada podem reproduzir.*

3.° — As formas são produzidas por uma habilidade do médium, o qual se disfarça com uma máscara e um vestido de gaze.

— Nas sessões *públicas* de materialização, dadas por um médium que se faz pagar, nenhuma garantia se tem contra a fraude, e isto muitas vezes tem acontecido na Inglaterra e na América do Norte. Esta gente representa uma comédia, com o auxílio de comparsas. Estes falam, ao passo que o médium se conserva calado; pois, do contrário, a sua voz seria reconhecida. Tanto pior para as pes-

(27) Às vezes, a verdade é quase inverossímil.

soas ingênuas, que dão 10 ou 20 francos para assistir a tais espertezas.

Cedo ou tarde esses falsos médiuns serão desmascarados; mas não se deve estranhar tais explorações, pois em todas as produções da Natureza, da arte ou da indústria se encontram quase sempre o original e a imitação.

Semelhantes mistificações não se podem produzir na casa dum particular, e sobretudo a uma meia-luz que permita observar e fiscalizar os menores movimentos.

Nas sessões que citei, fraudes dessa ordem eram impossíveis, graças às precauções tomadas mesmo contra a inconsciência do médium, em letargia ou não.

4.° — As formas materializadas são demônios ou seres diabólicos. — E' a teoria de alguns teólogos, porém não resiste a exame. Em primeiro lugar, alteraram a significação do termo *demônio,* pois vem do grego *daïmon* ou *diamonion,* que quer dizer *Espírito superior* ou *inferior aos deuses,* e não espírito do mal. Nas obras de Hesíodo fala-se de *santos demônios,* designados para serem na Terra os guardas ou guias da Humanidade. *Ser diabólico,* seria uma expressão mais precisa; mas, para todos que têm feito experiências com esses fenômenos, é evidente que o diabo nada tem que ver com eles. Jamais uma forma materializada procurou induzir-nos em tentação ou levar-nos ao mal (*). Algumas dessas formas mal podem falar, outras pedem orações, o que da parte de um suposto Satanás seria um mau exemplo e indicaria uma certa inconsequência. Tudo quanto essas formas dizem ou fa-

(*) Perante a luz desse século só os rotineiros ou fanáticos em matéria de religião podem conceber a existência do **diabo** eternamente mau e sempre o mesmo; nem a Ciência, nem a sã Filosofia, nem o Espiritismo admitem o diabo. Essa crença não foi implantada por Jesus: provém do Catolicismo. Vêde o que Allan Kardec diz acerca do diabo **na** sua obra "O Céu e o Inferno". — **Nota do Tradutor.**

zem, prova a sobrevivência e a esperança de serem, após a morte, reunidas àqueles que amavam na Terra. Nada mais consolador e menos contrário à religião!

5.° — As formas são os Espíritos dos mortos que haurem no médium o fluido vital necessário para comunicar-lhes momentâneamente uma *vida factícia*. E' a teoria espírita, verdadeira em certos casos, mas não em outros.

6.° — E' o médium que produz todo o fenômeno pela exteriorização de uma das imagens do seu *inconsciente*. — Esta teoria, tão metafísica como inexplicável, está em contradição com os testemunhos de todos os experimentadores.

7.° — As formas são apenas os restos ou *conchas astrais*, que, juntando-se a um *elementar*, produzem o fenômeno. — E' a teoria dos teósofos ou *budistas cristãos*, como em Londres os denominam um pouco irônicamente. — Pelo que eles dizem, a luz astral seria saturada de detritos humanos semi-fluídicos que erram, não como almas penadas, mas como balões cujos aeronautas houvessem morrido e que passeassem ao acaso no espaço. Esta teoria é inadmissível: é o mesmo que supor que possam ainda agir as conchas que se vêem nas praias, as crisálidas vazias e mesmo os cadáveres.

8.° — As formas são *elementais*, o que Ammien Marcellin chamava *spiritus elementorum* ou Espíritos dos elementos. Esses seres, que certos ocultistas e teosofistas dizem ter visto, mas sobre os quais só podem formar dados vagos, teriam a faculdade de tomar todas as formas, de imitar todas as vozes, de falar todas as línguas. São muitas qualidades reunidas.

Admito perfeitamente que em cada *elemento* há uma parte inteligente, porém ela deve ser muito inferior. E' a *alma das coisas*, e nada mais. Se os *elementais* existem, devem ser de natureza muito secundária e provàvelmente duma inteligência apenas evoluída. Como poderiam, pois, ter um poder tão grande e tão nefasto? E' admissível que Deus permita a esses Espíritos muito inferiores impingir aos humanos uma comédia macabra, na qual, tomando todos os aspectos (e todas as vozes), se mostrem sob a forma humana e sob a figura dos nossos parentes ou amigos?

Até hoje nunca se viu numa experiência psíquica um ente que pretenda ser *elemental.* Como o observa o reverendo S. Moses (Oxon): "Todos os seres que se manifestam dizem, *sem exceção e invariàvelmente,* que viveram na Terra. *Não são anjos, nem demônios.* Parecem-se com os humanos e tudo quanto dizem é humano.

"Nunca nos apresentam monstros de tipo desconhecido. Para explicar tais fenômenos, não tenho necessidade de diabo, nem de *elementais* e elementares. Se, em todas as minhas experiências, nunca encontrei entidades dessas, em compensação tenho encontrado muitos Espíritos inferiores em desenvolvimento."

Papus (Dr. Gerard Encausse), no seu *Traité de la science oculte,* diz que os *elementais* são análogos aos glóbulos sanguíneos. Talvez as células humanas sejam apenas *elementais;* em todo o caso, é mais que provável que *cada átomo de matéria tenha um átomo inteligente que o dirija.*

Eis a este respeito a curiosa opinião de Édison (publicada por um jornal de Chicago): "Creio que todo átomo de matéria é inteligente e tira a sua energia dum gérmen primordial. A inteligência do homem é, a meu ver, a soma total das inteligências dos átomos de que ele é composto. Cada átomo tem um poder particular de seleção e procura incessantemente harmonizar-se com os outros átomos. *Não creio que a matéria seja inerte e só atue impelida por uma força exterior.* Para que vos convençais disto, bastará observardes os milhares de meios pelos quais os átomos de hidrogênio se combinam com os de outros elementos e formam diversas substâncias. Imaginais que esses átomos atuam sem inteligência e mecânicamente? Seria um erro crasso. Os átomos, reunindo-se e harmonizando-se, tomam formas tão belas quão variadas: ora emitem um perfume agradável, como se quisessem exprimir o seu contentamento, e outras vezes, durante a moléstia, a morte, a decomposição, a falta de asseio, a oposição dos átomos constituintes se faz sentir imediatamente por odores desagradáveis.

"Finalmente esses átomos se combinam no homem, que representa a inteligência concentrada de todos eles.

"O corpo humano é mantido em sua integridade pela inteligência persistente dos átomos. Quando a harmonia é destruída, o homem morre. Porque os átomos se combinam com uns de preferência a outros? Porque os átomos são inteligentes e exercem a vontade na sua pequena esfera."

— "Qual a origem dessa inteligência? — pergunto a Édison.

— Um poder desconhecido, maior do que nós.

— Acreditais então num Criador inteligente, num Deus pessoal?

— Certamente — responde Édison. A existência de tal Deus pode, a meu ver, ser demonstrada mesmo pela química."

O Sr. Bjerregaard, que publicou um estudo sobre os *elementais*, diz o seguinte: "Paracelso falou muito a esse respeito, porém o que disse me parece pouco claro e ainda menos concludente." E acrescenta: "As diferentes definições de mônadas, dadas por Leibnitz, correspondem exatamente, em muitos pontos, ao que dizem os ocultistas a respeito dos *elementais*."

Sir John Herschell escreveu sobre o mesmo assunto, em 1865.

Eis agora a minha opinião pessoal:

Entre o *elemental* da Cabala ou do *Vichnu-Purana*, a mônada de Leibnitz e o átomo inteligente de Édison, há — creio — semelhanças notáveis, e talvez as três expressões representem exatamente a mesma coisa.

E' provável que esses pequenos seres sejam, para o desenvolvimento geral, o que a formiga é para o homem; supor-lhes, porém, uma ação preponderante nos fenômenos psíquicos é conceder-lhes um poder muito superior ao seu modesto papel.

A esse propósito, notei um fato muito curioso que tenderia a provar a existência dos elementais. Em 1888, o professor Tyndall fêz em Londres uma leitura a respeito da sensibilidade da chama em certas condições.

"Se — diz ele — eu bato com um martelo mesmo a uma certa distância, a chama duplica de comprimento. Se eu sacudo na mão um maço de chaves, a chama corresponde a cada ruído. *Se falo em frente à chama ou recito alguns versos, a chama salta por momentos, como se ela percebesse certos sons e a eles respondesse; ao passo que se conserva calma diante de outros.*"

Não há, pois, sòmente vibrações da chama, mas a indicação duma certa inteligência. Talvez a chama seja apenas o modo de ação das mônadas ou elementais do fogo. Em todos os casos é de estranhar que um professor materialista tenha dado uma prova da existência dos elementais ou pelo menos da alma das coisas.

Passei em revista todas as teorias emitidas a respeito da materialização. Mas, a meu ver, só há duas hipóteses verossímeis e que podem encontrar apoio nos fatos:

1.° — Em certos casos, e quando a força psíquica do médium é fraca, o fenômeno tem um caráter puramente humano. O corpo psíquico do médium se destaca dele e forma, condensando-se, um *alter-ego* semi-material que pode transformar-se à vontade. Mesmo nesse caso, como me escrevia A. Russell Wallace, é um fenômeno tão maravilhoso como a materialização;

2.º — Quando o médium é mais poderoso, o seu corpo psíquico serve de invólucro ao ser desencarnado, parente ou amigo, que se quer tornar visível e tangível.

Infelizmente, há poucas pessoas que podem ver esses estranhos fenômenos, pois os médiuns de materialização são raros, e em todos os países existem poucos. Por isso mesmo os sábios, à vista da dificuldade de encontrarem sensitivos deste gênero, preferem negar o fenômeno.

E' mais cômodo, e, sobretudo, não perturba os métodos oficiais.

Todos aqueles, sábios ou não, que têm estudado rigorosamente a materialização, foram conduzidos a este resultado de alta importância: é que se chega a uma probabilidade bem vizinha da certeza, no que diz respeito à continuidade da nossa existência depois da morte (*).

(*) Muitos negam os fenômenos espíritas, não porque estejam absolutamente certos de que eles não se dão, mas sim porque, com a contestação, desejam provocar a sua prova em condições tais que os tire da dúvida sobre o Além, de que já possuem uma intuição. Mas dado o caso de que, segundo a Doutrina Espírita, certas provações e reparações só se podem realizar no mar da dúvida acerca do Além túmulo (S. Paulo disse que a punição de muitos consiste em não poderem crer), não é de estranhar que nem a todos seja dado colher provas pessoais sobre a imortalidade, devendo portanto resignar-se a crerem por tradição de pessoas respeitáveis ou mesmo a não ouvirem falar das verdades espíritas. Um insucesso, porém, nunca deve demover a ninguém de procurar provas, porque devendo a verdade ser sempre adquirida pelo nosso próprio mérito ou esforço nas vidas anteriores ou na presente, visto o seu conhecimento já ser, para aquele que a possui, uma fonte de puros gozos, compete-nos perseverar na sua pesquisa por todos os meios que a Providência nos oferece, e que muitas vezes nem mesmo imaginamos que já estão à nossa mão. Enquanto nosso mundo for um hospital de provações, as verdades sobre o além-túmulo serão sempre contraditórias ou duvidosas (é o **trigo misturado com joio,** segundo o Cristo), para que não fique tolhido nosso livre arbítrio e podermos também fazer o mal, e conseguintemente obtermos a verdadeira felicidade escolhendo o bem pelo discernimento meritório. — **(Nota do Tradutor.)**

CAPITULO VI

CONCLUSÕES

Não tenho a pretensão de resolver problemas tão complexos e temíveis como os dos fenômenos psíquicos; mas, depois de haver estudado um número enorme de documentos (sem contar as minhas experiências pessoais), estou convencido de que a sua realidade *objetiva* só pode oferecer dúvidas às pessoas que tenham opiniões preconcebidas. Talvez esses fenômenos nos dêem a conhecer o laço misterioso que une a matéria ao espírito.

Segundo G. Massey, escritor inglês conhecido pelas suas sábias pesquisas históricas e religiosas, "*As viagens de descobertas, nesses países ignorados, são cheias de perigos. Como o Oceano, o mundo dos Espíritos tem habitantes estranhos e formas de existência desconhecidas.* Todavia, a questão de saber se Espíritos ou Inteligências invisíveis entram em relação com o homem, é um fato que não pode destruir a qualidade do ser que se comunica ou as suas respostas mais ou menos inteligentes. Se há impostores em nosso mundo, porque não os haveria no outro?"

Swedenborg sabia o que devia pensar sobre o assunto, pois previne contra a ilimitada falsidade de certos Espíritos, que parecem mais perversos que nossos semelhantes. Entretanto, mesmo sem desejarem enganar-nos, eles o fazem, devido à nossa ignorância das condições particulares em que se acham. Swedenborg conhecia muito bem todos os fenômenos psíquicos, que, na sua opinião, eram produzidos por Inteligências em diversos graus de evolução.

Para explicar os fenômenos psíquicos recorreu-se muito à força psíquica; ela, porém, não os explica todos, e W. Crookes o compreendeu perfeitamente, quando falou de "inteligente operador que está no fim da linha", comparando assim os efeitos aos de uma linha telegráfica, onde são precisas duas pessoas, uma para enviar o telegrama e outra para recebê-lo. A força psíquica é talvez sòmente a resultante do corpo psíquico, e a ação dessa força deve ser muito limitada.

Muitas vezes se tem dito que as respostas provenientes da escrita automática são reflexos dos pensamentos do médium ou dos assistentes; já tenho apresentado provas da inanidade desta teoria; e experiências pessoais, em que eu me achei, só me confirmaram nesta opinião. Não só as respostas contrariavam as minhas ideias, mas ainda os meus desejos. Quanto à hipótese do subconsciente, ela está em absoluta contradição com a lógica dos fatos no que me diz respeito; por isso, mais do que nunca, acho-a inadmissível ou insuficiente.

Falei das teorias diversas emitidas sobre os fenômenos psíquicos; algumas são curiosas, outras engenhosas, mas, em suma, não são mais do que teorias, isto é, ideias ocas que apenas repousam nas afirmações dos teoristas, e que são constantemente contraditas por fatos novos.

Estudando com cuidado os fatos psíquicos, chega-se a saber que Inteligências diferentes da do médium ou dos assistentes se podem comunicar.

Que Inteligências são essas? As opiniões são tão variadas quanto as hipóteses. Em todo o caso, estou convencido de que essas Inteligências nada têm de diabólico, e que, como entre os humanos, há, entre elas, boas e más.

A morte não pode melhorar o estado intelectual dos seres humanos; transporta-nos apenas a outro plano de existência, onde se colhe o que se semeou.

E' possível que as Inteligências que foram más na Terra e que se conservam ligadas à esfera terrestre procurem levar-nos ao mal, ainda depois da morte; mas não temos disso nenhuma prova positiva. Admitindo o fato, pode-se supor que esses Espíritos perniciosos ou maus atuam sobre as ideias, o que explicaria muito naturalmente esses estados em que se dizia que um homem ou uma mulher se achavam possuídos do demônio.

Também não aconselho a todos que façam experiências psíquicas; as pessoas fracas ou crédulas podem ser assim dominadas por um Espírito malfazejo e achar-se no estado de um *sensitivo* sugestionado por hipnotizador.

É o efeito que vemos produzir-se na Terra quando um poderoso magnetizador substitui ou impõe a sua vontade a um ser mais fraco. *Sede muito prudentes em vossas sessões ou experiências, e tomai as vossas precauções.*

Muito tempo descri de tais fenômenos, mas tenho tido a felicidade de constatar *de visu* e pessoalmente numerosos fatos psíquicos, dos quais posso referir alguns.

Movimentos de objetos sem contacto

Uma noite conversava eu com um cavalheiro que nada tinha de espírita ou espiritualista, e que não acreditava em Deus nem no diabo.

Sùbitamente um copo, que se achava na mesa de mármore da sala, pôs-se a andar sòzinho, descrevendo no mármore uma curva.

O cavalheiro, sentindo que se passara algo de anormal, empalideceu, ergueu-se com um ar de espanto, mas depois, voltando ao seu habitual cepticismo, me disse: "Sois mais forte que Robert-Houdin." Afirmei-lhe que eu não tinha o menor direito ao título de prestidigitador, e, para convencer-me de que realmente houvera um fenômeno, fiz as seguintes experiências:

1.° — Sacudi ligeiramente a mesa, para ver se um movimento na casa ou uma vibração qualquer não tinha deslocado muito naturalmente o copo; mas este não se moveu;

2.° — Não convencido ainda, derramei sobre o mármore algumas gotas dágua duma garrafa, e coloquei o copo sobre a água; depois, desloquei um pouco a mesa: o copo não se moveu como eu supusera um instante. Fiquei então certo de que realmente houvera um fenômeno, pois o copo fêz ainda um movimento, como que zombando de mim.

Outra vez, na casa de meu confrade N., um leque, que se achava preso pelo cabo num ângulo dum espelho, destacou-se bruscamente e veio cair no meio do quarto. O Sr. N. fitou-me com um ar muito admirado, e, como eu preferi não fazer comentários, ele exclamou: "Dir-se-ia que o meu aposento foi preparado para um espetáculo."

O que me provou que realmente houvera um fenômeno foi que, se o leque caísse, por estar mal preso ao espelho, cairia primeiro sobre o calorífero, donde poderia escorregar ou saltar para o chão. Ao invés disso, foi projetado para a frente e caiu a certa distância do espelho.

Foram esses os dois únicos fatos deste gênero que se produziram na minha presença.

Premonição psíquica

Eis um fato notável, que posso garantir em todos os seus detalhes.

Em 1869, eu escrevera com Delacour uma comédia em três atos, que foi representada no teatro *Variétés*. A primeira representação correu muito bem, e no dia seguinte, sentindo-me um pouco fatigado pelas emoções dessa estreia, não saí de casa.

No momento em que ia deitar-me, ouvi, nas paredes, na minha biblioteca e na minha mesa, pancadas tão violentas como se fôssem dadas com um pau. Note-se que esse ruído anormal não vinha do teto nem do soalho, o que poderia levar-me a atribuí-lo aos vizinhos.

A princípio, eu não sabia o que aquilo significava; mas, como nessa época já me achava ao corrente dos fenômenos chamados espíritas, pensei que podia bem ser um aviso.

Disse mentalmente que, se o fim daquele ruído era prevenir-me, podiam suspendê-lo; as pancadas, que tinham sido até então muito violentas, cessaram sùbitamente.

No dia seguinte, querendo saber o que devia pensar, aproximei-me duma pequena mesa, que imediatamente se pôs a mover como se fôsse animada. Tendo colocado as mãos sobre a mesa, como me tinham indicado os espíritas, esta se levantou bruscamente, e eu lhe fiz perguntas, para que ela respondesse *sim* ou *não,* sobre toda a espécie de coisas, *pois ignorava absolutamente a que se referia o aviso.* Tendo esgotado diversos assuntos, pensei na minha peça; logo as respostas se precisaram, e eu soube que a minha peça estava *ameaçada,* o que não era de esperar pela primeira representação, que correra sem grande efeito, mas sem estorvos. Como a *tiptologia,* ou respostas por pancadas, é um meio de comunicação mui rudimentar, foi impossível saber o que me ameaçava.

Fui procurar Delacour, o qual disse que isso era uma história de sonâmbulo, pois era um materialista inflexível. Saindo de sua casa, passei pelo *Variétés,* e o diretor informou-me de que na véspera houvera uma *vaia* de certos membros dum círculo, descontentes por causas que a mais ninguém interessaria hoje saber. À noite fui ao teatro, e, como era domingo, não veio ninguém do *circulo,* e a terceira representação correu sem tropeços, perante um público numeroso. Julguei então que o meu aviso fora apenas uma mistificação, com ou sem espírito. Por isso, na quarta não fui ao teatro, e Delacour, que estava indisposto, deixou-se ficar em casa.

Na terça-feira pela manhã fui pedir notícias a Delacour, que acabava de receber um carta de H. Cogniard (diretor do *Variétés*). Este último lhe dizia que a pateada recomeçara segunda-feira à noite e tomara tais proporções que, à vista de semelhante cabala, era obrigado a suspender as representações.

Delacour, sabendo que eu era incapaz de enganá-lo, ficou, como eu, vivamente impressionado por esse aviso extraordinário. Ele exclamou: *Não é possível; sonhaste,* e como eu lhe afirmasse que estava perfeitamente acordado, o seu cepticismo ficou fortemente abalado.

Estes fatos me provaram que a comunicação fora independente de mim, pois eu estava longe de pensar numa cabala, que nada fazia prever e que ninguém no teatro suspeitava.

Robert Hare, químico americano, que foi um dos primeiros a estudar esses fenômenos, diz no seu livro o seguinte: "Quando uma pessoa ouve pancadas violentas na sua casa ou no seu quarto, deve convencer-se de que o Espírito emprega simplesmente esse meio para dar um aviso, como faz um indivíduo que bate à porta da rua para dar a entender que ali se acha alguém. Desde que se compreendeu o chamado ou que se vai abrir a porta, as pancadas cessam."

O que mais me impressionou neste aviso foi o fato de ser quase tão característico como se me houvessem falado. Se nessa época eu conhecesse um *psicógrafo,* evidentemente poderia ter todos os detalhes do que me ameaçava. Pretender explicar isso pela telepatia, pelo subconsciente, é inadmissível, pois nenhuma dessas causas pode produzir pancadas *inteligentes* ou mesmo quaisquer ruídos. Restrinjo-me, pois, à explicação psíquica e à ação dum *inteligente operador invisível* como tantas vezes o constataram W. Crookes e muitos outros.

De 1865 a 1869, obtive com o adorável compositor, F. P., efeitos tão concludentes como os das famosas sessões de Milão com Eusápia Palladino. Nessa época, porém, os sábios europeus só se ocupavam desses fenômenos para rirem deles, como os seus antepassados haviam rido do magnetismo. Desde então, felizmente o hipnotismo apareceu, e o seu estudo, cada vez mais desenvolvido, nos levará, por vontade ou não, ao espiritualismo científico, a despeito de todos os desdéns dos materialistas. — F. P. era um poderoso médium, e, quer juntos, quer separados, conseguimos que uma mesa se conservasse de pé, achando-se apoiada sòmente por um pé colocado sobre um canapé (a meio metro do soalho), ficando os outros três pés no ar, contra a lei da gravitação. Além disso, várias vezes a mesa se inclinou para a frente, sem cair.

Todas as nossas experiências se realizaram *em pleno dia* ou *à noite, em plena luz.*

Nunca tivemos necessidade de formar cadeia, de nos segurarmos pela ponta dos dedos. Bastava mesmo que F. P. colocasse um dedo no centro da mesa, para que esta se erguesse bruscamente, muitas vezes caindo sobre ele.

Repetidas vezes eu soube, com antecedência de um dia, que esta ou aquela peça teria ou não êxito. Como não há um só autor que deixe de temer o insucesso até o último momento — supor que o meu subconsciente soubesse com antecedência os fatos, ao passo que o meu superconsciente ignorava tudo — me parece cem vezes mais absurdo que admitir o aviso duma Inteligência invisível, qualquer que ela seja.

A predição dum insucesso é coisa tão desagradável, que eu variava as perguntas procurando obter uma atenuação do veredicto, mas ah! a resposta fatal não variava nunca.

Tenho tido na minha vida muitos avisos desse

gênero e tenho visto uma infinidade de *fenômenos* curiosos; muito longo seria, porém, contá-los.

Que todas as pessoas sem ideias preconcebidas trabalhem e procurem corajosamente!

Estamos no pórtico de descobertas maravilhosas no domínio daquilo a que se tem chamado *sobrenatural* e a que chamarei simplesmente *supranormal.*

Tanto pior para aqueles que não querem ver. No caminho em que vão as coisas, não são precisos mais que dez ou vinte anos, para que aquilo que eu refiro neste volume não cause admiração senão aos indiferentes por princípio ou por interesse.

CAPÍTULO VII

O CONGRESSO PSÍQUICO DE CHICAGO

Não posso deixar de dar alguns informes relativos ao Congresso Psíquico de Chicago, que tanta repercussão logrou entre aqueles que se consagram às coisas psíquicas. O êxito foi completo. O presidente do Congresso era o professor Elliott Cowes (de quem já falei). Eis o resumo do seu discurso inaugural:

"Os processos das pesquisas psíquicas são dum gênero inteiramente particular; diferem por completo dos processos científicos que tratam das pesquisas relativas à matéria.

"Se é verdade que o corpo do homem é composto de matéria, sujeito, como toda matéria, a forças químicas ou a forças mecânicas, não é menos provável que a matéria de que o homem é composto seja também sujeita a forças mais elevadas e a que chamaremos vitais, e que essas *forças vitais* nem sempre obedeçam às leis que parecem governar as operações das formas mecânicas e químicas.

"Atualmente, já se admite também que os fenômenos do pensamento não são explicáveis pela ação de forças mecânicas ou físicas, embora o pensamento pareça depender das forças materiais.

"As forças vitais de caráter mais elevado são, em em geral, chamadas espiritualistas, e o seu modo de ação (quer queiram admiti-las, quer não) dá origem a numerosos fenômenos, que por nenhum sábio foram explicados, os quais se têm assim mostrado refratários às ciências físicas conhecidas.

"O ponto de vista da diretoria do Congresso será muito vasto. Esta diretoria considera como dignos de exame os fenômenos seguintes: *a psicometria, a força ódica, a leitura do pensamento, o telecinesismo* (ou movimentos de objetos materiais fora das leis de gravitação) a *teleplastia* (ou o que se chama, em geral, *materialização),* sem contar a *telepatia,* tão conhecida atualmente."

O professor E. Cowes falou também da *telacustica,* isto é, dos fenômenos de pancadas, atribuídos pelos espíritas aos seres desencarnados. Constata que os fenômenos *telacústicos* não provêm de nenhuma causa física conhecida, e que devemos atribuí-los a uma Inteligência diferente da das pessoas presentes. A trivialidade de certas respostas *telacústicas* não deve, do mesmo modo que o seu absurdo ocasional, impedir-nos de tomar em consideração a sua grande importância psíquica.

A diretoria — acrescenta E. Cowes — julgou, portanto, que esse assunto merecia examinado com o maior cuidado.

O professor E. Cowes comunicou ao Congresso as suas observações pessoais. A mesa da sua sala de jantar, de carvalho maciço e muito pesada, muitas vezes se moveu *sem contacto,* ouvindo-se pancadas nela vibradas. Eis as três explicações que ele dá dos fenômenos em geral.

1.° — *A explicação espírita.* — Os desencarnados deslocam a mesa e dirigem-lhe os movimentos, quando ela responde às perguntas por um código convencional. *A priori,* não é impossível que seja essa a verdadeira explicação, mas isto ainda é coisa a discutir.

2.° — *A teoria telecinética* ou movimentos a distância, sem contacto, produzidos pelas pessoas presentes. — Esta teoria, que se aproxima da da força psíquica, está em oposição com as teorias espíritas. A expressão *telecinesia* é tirada de palavras gregas, que significam *ao longe e movimento.*

3.° — *A teoria mecânica,* isto é, a da força muscular inconsciente. E' — diz ele — o refúgio habitual dos fisiologistas que foram obrigados a admitir o movimento das mesas, mas que, conhecendo mal ou desconhecendo completamente os fenômenos psíquicos, são obrigados a dizer alguma coisa para encobrir a sua ignorância.

Eis as conclusões de E. Cowes:

1.° — A teoria mecânica é absurda e sem valor;

2.° — A teoria telecinética é mais racional e mais provável;

3.° — A teoria espírita ou espiritualista merece ser considerada; é muito radical, e, embora menos provável que a teoria telecinética, não a devemos repelir como impossível.

*

* *

O Sr. B. F. Underwood leu um estudo sobre a escrita automática.

"As duas teorias em confronto — diz ele — são a do subconsciente e a do Espírito desencarnado. Se tais mensagens provêm de um subconsciente ou de uma *consciência subliminal,* porque atribuí-las a Inteligências diferentes umas das outras e em diversos graus de progresso, sobretudo a centenas de pessoas mortas?

"Porque nos enganaria tão grosseiramente o subconsciente? Se ele possui a menor partícula de bom senso, um pouco de saber e discernimento, deve ser capaz de discernir o que vem deste mundo ou do outro e dizê-lo mais claramente. Se esse *eu* inferior tem a faculdade de nos enganar e de representar todas as personalidades que diz ser —, que pensar do *eu* superior que nada sabe?

"Há incontestàvelmente mensagens que parecem vir de Inteligências desencarnadas, pois a letra, o estilo, as particularidades de expressão da pessoa que diz ser fulano ou sicrano, todo esse conjunto de fatos *desconhecidos do médium* é característico. Pode-se explicar isso pela telepatia ou pela dupla consciência? Já se tentou fazê-lo, mas essas teorias são absolutamente insuficientes."

O Sr. Underwood acredita numa dupla consciência, e exibe mesmo exemplos em apoio da sua crença. "Isto, porém — diz ele — não explica absolutamente a escrita automática. Todas essas hipóteses só têm valor relativo."

Eu também creio, como o Sr. Underwood, numa dupla consciência; mas nunca admitirei que a consciência inferior domine a outra, pois isto é tão contrário à lógica como ao bom senso.

*
* *

Vejamos agora o que diz o *professor* Oliver Lodge (da Sociedade Real de Londres) a respeito da dificuldade das experiências relativas à Inteligência anormal que se manifesta, quer nas palavras pronunciadas em estado de *semi-letargia,* quer em mensagens pela escrita automática.

"Algumas comunicações que contêm informações particulares de pessoas falecidas podem parecer convincentes a amigos dessas pessoas, mas nem por isso convencem a todo o mundo. Entretanto, se a escrita da pessoa morta é reproduzida exatamente por um escritor automático que nunca viu essa escrita, isso constitui — parece-me — uma prova excepcional. À primeira vista, fatos conhecidos do morto e desconhecidos do automatista, no caso de serem referidos exatamente, de modo a exceder todas as probabilidades de coincidência, parecem uma importante prova da ação mental dum morto. Pode ser que a telepatia não seja a verdadeira explicação desses fenômenos; talvez derivem do estado de clarividência do vivo."

O professor Lodge termina pelas seguintes memoráveis palavras o seu artigo, que venho resumindo. "Parece-me provável que na ciência psíquica, como em qualquer outra ciência, a parte mais forte do cepticismo atual há-de ser destruída, não por uma experiência concludente, mas por massas convergentes de fatos vindos de todos os lados.

"Além disso, a brecha será aumentada pela compreensão gradual de que *tais ações psíquicas não estão em oposição com as leis da Natureza.* São os primeiros frutos da terra prometida que temos visto de longe, e que não se acha ainda muito explorada.

"Seria uma imperdoável pretensão da parte dos homens de ciência supor que devem conhecer tudo quanto pode ser conhecido, e uma atitude não menos injustificável seria a de crer que não é regular ou científico explorar ou estudar certas forças do Universo."

*
* *

O Sr. H. B. Poole (redator da *Revista Psíquica,* de Bóston) leu um artigo relativo ao pensamento e suas vibrações.

Considera a alma como uma espécie de tecido vital, reunindo os dois pólos da sua natureza. Um liga-se a esse universo espiritualista, do qual o universo dos sentidos é apenas o símbolo; o outro liga-se às funções orgânicas da vida animal.

A substância da alma é tão delicada que os sentidos não podem percebê-la. Os derivados da substância da alma são o que o Sr. Poole chama pensamentos. Esses derivados diferem da alma como as vagas diferem da água. Não são a própria substância, porém os movimentos da substância.

O espírito do homem deve ser entretido e vivificado por invisíveis fontes vindas das profundezas do espírito universal, como o corpo é sustentado por produtos provenientes do mundo físico.

A respeito da telepatia, diz: "Em toda parte onde vagas de pensamentos são espalhadas por um cérebro, uma lei sutil de harmonia exige que vagas similares sejam atraídas e produzidas pelos cérebros daqueles que simpatizam mentalmente. E' assim que dois instrumentos vibram em uníssono, se estão acordes. A palavra é apenas a forma simbólica e física dessas vibrações que, em um modo de existência mais elevado, servirão às almas para se comunicarem entre si."

*

* *

O Sr. Alfred Russell Wallace enviou um artigo muito interessante e que foi lido no Congresso.

"Nunca houve assunto que tanto se prestasse ao ridículo como as pretendidas aparições de mortos e mesmo de vivos, quer tenham sido vistas por uma pessoa, quer por muitas. A imaginação, a fraude, a moléstia eram explicações muito suficientes. Mas, examinando com cuidado essas aparições, verificou-se que eram verídicas e objetivas, como o demonstra o grande número de provas perfeitamente documentadas que a Sociedade de Pesquisas Psíquicas tem publicado."

A. R. Wallace fala também do *subconsciente,* que — diz ele — nunca foi claramente explicado e provado.

"Esta hipótese, tão incômoda quanto ininteligível, é muito aceita por aqueles que não querem admitir a ação dos desencarnados e a consideram como não científica.

"Porque seria menos científica do que qualquer hipótese que sirva para explicar outros fatos? Eis o que nunca nos foi demonstrado inteligentemente. Os pretensos fatos impossíveis são, uns após outros, reconhecidos como fatos reais. Pouco a pouco, chega-se a provar que todo o mundo científico tem laborado em erro negando tais fatos, sob pretexto de que eram contrários às leis da Natureza.

"Muitas vezes nos dizem que devemos esgotar todas as causas conhecidas, antes de recorrermos às causas desconhecidas para explicar os fenômenos.

"Admito perfeitamente a opinião, mas não percebo que ligação isso possa ter com as questões de fenômenos."

O *subconsciente* ou a *subconsciência,* com a sua massa enorme de informações hauridas não se sabe onde, com o seu caráter distinto, a sua moralidade inferior, as suas mentiras perpétuas, é simplesmente uma explicação teórica, com o é a ação dum morto. Em caso algum se pode considerar esse subconsciente *uma causa conhecida:* denominá-la uma hipótese científica, e a dos Espíritos ou desencarnados uma hipótese anti-científica, é colocar-se entre as pontas de um dilema.

*
* *

A Sra. Rees leu um estudo sobre experiências a que procedeu, fitando durante algum tempo um copo de água clara. Diversas figuras e diferentes cenas se formaram no fundo do copo, de um modo nebuloso a princípio e depois mais nítido. A Sociedade de Pesquisas Psíquicas publicou em 1890 um artigo muito curioso sobre este assunto, que toca de perto o hipnotismo.

*
* *

O professor F. H. Myers leu importante trabalho sobre *as provas da sobrevivência do homem depois da morte.* Eis um sucinto resumo desse trabalho, publicado num jornal americano:

"Apesar das dúvidas cientficas, baseando-se: 1.° — nas informações dadas pelos desencarnados a propósito de fatos ocorridos depois da sua morte, fatos desconhecidos daqueles a quem eram contados; 2.° — em fatos relatados por essas pessoas mortas há muito tempo, fatos ignorados dos vivos e cuja exatidão foi rigorosamente constatada por documentos; 3.° — em comunicações feitas pela escrita automática e por médiuns em letargia, cientìficamente postos à prova, — o Sr. Myers conclui que os pretensos mortos podem comunicar-se conosco e que dentro em pouco o poderão fazer de um modo mais completo. Graças a esta nova ciência, — diz o Sr. Myers — os nossos queridos mortos sairão do túmulo."

*
* *

E' um grande passo dado pelo sábio professor de Cambridge, que ainda não se pronunciara de modo tão categórico relativamente à sobrevivência.

Que dirão deste progresso os sábios ingleses que se conservam fiéis à ciência oficial?

Provàvelmente, contentar-se-ão em encolher os ombros e voltarão aos seus caros estudos... materialistas. Creio, entretanto, que, dentro de alguns anos, uma cisão bem nítida se produzirá entre os atrasados e os adiantados. Já os sábios hipnotizadores fizeram forte brecha na cidadela materialista, que muito breve esperam admirar em estado de ruína. A luta será rude e penosa, pois todos esses fenômenos estão de tal modo fora das nossas ideias de convenção, que será preciso algum tempo para vencer a rotina.

Em suma, o Congresso teve considerável êxito, e a sua influência por muito tempo far-se-á sentir. Demonstrou que homens da ciência podem ocupar-se de questões psíquicas sem incorrer no ridículo, o que de certo não se pensava há vinte anos.

CAPÍTULO VIII

DOCUMENTOS DIVERSOS

Eis alguns documentos que me pareceram dignos de menção, além dos numerosos fatos que já tenho referido neste livro.

*
* *

O médico itailano Finzi apresentou (num artigo lido no Congresso Psíquico de Chicago) algumas observações a propósito das suas sessões com a médium Eusápia, as quais se realizaram em Nápoles, *no seu próprio quarto.* Outro sábio, o professor Gerosa, ajudou-o a obter constatações fotográficas das poderosas manifestações psíquicas que se produziram em cada sessão.

Aludindo às experiências de Milão, o Dr. Finzi cita uma observação do Sr. Charles Richet, que diz que as provas fornecidas nessas sessões de Milão seriam perfeitamente suficientes para experiências químicas, mas que não devemos contentar-nos com elas num inquérito espiritualista.

À primeira vista, isto pode parecer parcial; mas, quando se pensa na grande quantidade de experiências químicas que foi necessário recomeçar, deve-se reconhecer que a asserção é algum tanto verossímil.

Como perguntassem ao Dr. Finzi a sua opinião pessoal sobre as suas sessões psíquicas com Eusápia, ele respondeu: "E' impossível emitir opinião segura, baseada em vinte e uma sessões apenas, tanto mais quanto para estabelecer o menor ponto das *pesquisas físicas* tornam-se necessárias centenas de experiências."

Acrescentou todavia "que se deve *absolutamente rejeitar* qualquer suposição de fraude consciente, produzida pela médium com o auxílio de comparsas ou devido a expedientes de prestidigitação."

Os dois experimentadores, Dr. Finzi e professor Gerosa, chegaram à conclusão de que os fenômenos eram produzidos, quer pelos dons psíquicos da médium, quer por forças misteriosas ou Inteligências agindo por intermédio da médium.

Ambos tiveram provas evidentes de que esta última explicação era a verdadeira; pensam, porém, que essas provas ainda não são bastante fortes para se imporem àqueles que ainda não fizeram experiências; entretanto, o Dr. Finzi conta para o futuro com resultados cada vez mais concludentes.

Ao Dr. Finzi não agradam as sessões realizadas na escuridão completa, no que tem muita razão, pois é esse o melhor meio de ser iludido, *mesmo inconscientemente,* pelo médium. O doutor indica o meio de remediar a esse inconveniente, o qual consiste no uso de uma lâmpada especial que não dá luz direta, porém pode produzir no ar vibrações electro-magnéticas conhecidas pelo nome de raios ultra-violetas.

O primeiro resultado seria que um aparelho fotográfico poderia constatar tudo o que se passasse num aposento não iluminado.

*

* *

Vejamos agora as opiniões dos professores Broffério e F. de Amícis. Comecemo-las pelo último, que é diretor de clínica da Universidade de Nápoles. "Bem instruído, diz ele, em todos os artifícios a que se recorre para a produção de tais fenômenos, tive ocasião de verificar a impossibilidade absoluta de explicar por tal modo o que se passa com Eusápia Paladino. Admiitr que tais fatos são produzidos pela habilidade mistificadora de Eusápia é, eu o atesto, dar diploma de imbecis às testemunhas. Eu mesmo posso, tendo assistido a essas diversas experiências, afirmar sem reticências a realidade dos fenômenos observados."

Quanto ao professor Broffério, vou citar alguns trechos de um livro que dedicou a todos os espiritualistas que não temeram o ridículo. Ele mesmo teve a coragem de afirmar as suas opiniões, e, como Lombroso, fêz uma retratação completa. Há dez anos Brofférío considerava os fenômenos chamados espíritas como uma superstição do século XIX, e uma epidemia forte, porém transitória, causada pela fermentação de antigos erros, pelo medo da morte e pelo amor do maravilhoso inerente à natureza humana. Mais tarde, havendo estudado a psicologia, e depois o psiquismo com Eusápia e muitos outros médiuns, o professor chegou a convencer-se de que: 1.° — os fenômenos são reais; 2.° — de todas as explicações emitidas sobre o assunto, a dos espiritualistas é a mais provável.

Enumera a massa enorme de fatos, sujeitando-os a uma estrita análise, pesando o pró e o contra, estudando todas as objeções e não temendo absolutamente quaisquer deduções lógicas. Na realidade, diz ele, os fenômenos mediúnicos são fatos e não alucinações. Termina dizendo que nada se deve negar por opinião preconcebida, e pensa, com Voltaire, que a obstinação é simplesmente a energia dos imbecis.

*

* *

Não abandonemos a Itália sem falar de outro convencido, o Dr. Ermacora, de Pádua.

"Poucos sábios — diz ele — terão sido tão incrédulos com eu no tocante a esses fenômenos. Os que disso duvidarem poderão recorrer aos meus dois livros *Pazzi e Anomali* e *Studi sull' Ipnotismo*, nos quais só me faltou insultar os espiritualistas." Outro médico italiano, o Dr. Giuseppe Masucci, teve sessões em Nápoles com Eusápia, e eis que ele diz: "Fui obrigado a demolir todo o edifício das minhas convicções filosóficas, às quais havia consagrado uma parte de minha vida."

*
* *

Outra curiosa conversão aos fenômenos psíquicos é a do Dr. Porfírio Parra, sábio distinto e até então um dos apóstolos da escola positivista no México. As suas opiniões mudaram radicalmente depois dum rigoroso exame dos fenômenos, feito com as mais minuciosas precauções. As sessões se realizaram na casa da Sra. L. Wright, onde se achavam reunidos três médiuns, Margarita, filha daquela senhora, e duas outras damas. Essas sessões foram seguidas de várias outras na própria casa do doutor. Este continuou as suas investigações e está pronto a defender as suas novas opiniões, provando que não as adotou levianamente, antes foi, como muitos outros, obrigado a inclinar-se diante dos fatos.

*
* *

Outras opiniões de sábios ingleses:

O Dr. Ashburner diz o seguinte: "Tenho tantas vezes constatado manifestações mediúnicas, que não poderia, mesmo se quisesse, repudiar as provas que tenho tido diante dos olhos. Sinto-me feliz em poder dizer que atualmente há milhares de pessoas que, como eu, não podem duvidar do que têm visto."

Cromwell Varley (engenheiro eletricista de quem ja falei) diz o seguinte, numa carta a William Crookes: "No antigo e no novo mundo, não conheço exemplo de um homem de bom senso que, tendo estudado com cuidado os fenômenos, não se haja rendido à evidência."

O Dr. Campbell, de Londres, que, como o doutor Elliotson, era oposto aos fenômenos, reconheceu a realidade deles.

O Dr. Johnston observou "que, segundo a opinião corrente, os mortos não voltam, mas que essa opinião se acha em oposição com a de todos os tempos e a de todas as nações. Entre os povos mais ou menos civilizados, não sòmente se fala das aparições dos mortos, mas ainda se acredita nelas. Só por verdadeira, tal opinião se pôde tornar universal. Porque os cépticos têm posto em dúvida tal opinião, em nada enfraquecem as numerosas provas que existem, e muitos daqueles, que negam de viva voz, confessam secretamente a realidade dos fatos por temor da outra vida.

Até lord Byron, o céptico por excelência, manifestou em alguns versos a sua opinião.

"Penso, como disse Johnston, que há seis mil anos os povos acreditam que em diversos momentos os mortos têm aparecido ou voltado. E o que há de mais estranho é que, apesar das revoltas da razão contra tal crença, alguma coisa existe de tão forte em favor dela, que aqueles mesmos que a pretendem negar, debalde o fazem, em seu desproveito."

*

* *

Juntarei a todos esses testemunhos as curiosas observações de duas grandes inteligências sobre os fenômenos em geral.

Eis o que dizia La Bruyére, no século XVII, a propósito da magia e do sobrenatural:

"A teoria é obscura, os princípios vagos, incertos, mas há fatos embaraçosos, afirmados por homens graves, que os têm presenciado.

"Admiti-los todos ou negá-los todos, parece-me igualmente inconveniente, e ouso dizer que nisto, como em todas as coisas extraordinárias ou fora das regras comuns, é preciso ficar no meio termo entre as almas crédulas e os espíritos fortes."

Eis ainda o que no século XVIII escrevia o ilustre matemático Laplace: "Estamos tão longe de conhecer os agentes da Natureza e os seus diversos modos de ação, que seria pouco filosófico negar a existência dos fenômenos, simplesmente porque são inexplicáveis no estado atual dos nossos conhecimentos. Devemos examiná-los com uma atenção tanto mais escrupulosa, quanto mais difícil pareça admiti-los. Devem-se multiplicar as observações ou as experiências, a fim de obter-se, em favor dos agentes que elas parecem indicar, uma probabilidade superior às razões que se possam ter para negar-lhes a existência."

Materializações

Nos *Annais Psíquicos,* de Março 1894, foram publicadas várias notas sobre a *materialização,* colhidas no decurso de duas viagens feitas em 1887 e 1893 aos Estados Unidos.

Li cuidadosamente tais notas, e nenhuma dúvida tenho sobre as citadas sessões. Quase todas se realizaram *com médiuns públicos,* isto é, nas piores condições para se chegar a um resultado, mesmo aproximativo. Já manifestei claramente a minha opinião sobre este ponto, e creio que não se podem obter efeitos reais ou não contestáveis senão no caso de se achar o médium (mesmo que este seja público) em casa da pessoa que faz as experiências ou em casa de amigos com os quais esta possa contar. E' preciso, sobretudo, que sejam tomadas todas as precauções, mesmo contra a inconsciência do médium (uma vez em letargia.)

Nas sessões de materialização a que nos referimos, não se tomaram garantias contra a fraude, e o autor das notas em questão faria mal em apresentar o que viu como verdadeiras materializações (28).

Vários médiuns citados recusaram ao autor uma sessão privada na residência deste, o que depõe muito contra esses médiuns, que em suas casas têm toda a facilidade em introduzir comparsas, homens ou mulheres.

Os três ou quatro pretensos médiuns de materialização que foram apanhados, em Londres, em flagrante delito, usavam largamente da comparsaria; é um gênero absolutamente novo de atores e atrizes.

Às vezes, mesmo, o médium se disfarça com véus de gaze, falsas barbas ou máscaras de cera muito finas.

Quanto a armar maquinismos nos seus aposentos, os falsos médiuns não pensam absolutamente em tal porque isso lhes sairia muito caro, tanto mais quanto, cedo ou tarde, serão descobertos.

Além disso, os vizinhos perceberiam fàcilmente esse pequeno trabalho de maquinação... não maquiavélica.

*

* *

---

(28) Bem razão tinha eu em desconfiar dessa narrativa, pois um dos primeiros médiuns citados era a Sra. Williams, que ùltimamente foi apanhada, em Paris, em flagrante delito de fraude, e de modo tão incontestável, que de nada valeram todos os seus protestos. Pode ser que essa mulher tenha tido outrora dons psíquicos, mas, como tenho repetido muitos vezes, cedo ou tarde, quando esses dons vêm a faltar, os médiuns públicos os substituem por artifícios ou disfarces. Espero que esse fracasso tenha diminuído a credulidade daqueles que assistem a este gênero de experiências, e que só se acredite em um fenômeno tão estranho como a materialização, quando ele se verificar nas condições indispensáveis.

Nesta ordem de ideias, eis o que em 1893 me escrevia o falecido Donald Mac-Nab, engenheiro de artes e manufaturas, de quem já tive ocasião de falar.

"As minhas investigações particulares tiveram por objeto os estados de consciência dos médiuns, enquanto os fenômenos se produziam. Nenhum fenômeno me surpreendeu ou admirou; são *processos naturais,* pois que não admito o sobrenatural... Às vezes o médium emprega meios diferentes do que se espera, e então sem razão o acusam de fraude. As minhas melhores experiências de materialização foram feitas com um único médium. Muitas vezes, porém, tive que tratar com cinco médiuns que por acaso se achavam reunidos; então os fenômenos se produziram *em pleno dia;* a casa como que se tornava assombrada.

"Entretanto, as melhores condições para não ser-se enganado, é ficar só com o sensitivo e propor-lhe à queima-roupa uma experiência nova, de que ele nunca tenha ouvido falar. Muitas vezes, experimentei nestas condições. Assim, o êxito afasta qualquer ideia de fraude."

O Sr. Donald Mac-Nab fêz numerosas experiências, e o que, a meu ver, lhes dá um grande valor, é que ele nunca tratou com médiuns públicos ou pagos. De certo, há exceções e elas confirmam a regra; porém, se é lícito ter confiança em sessões efetuadas com alguns médiuns públicos muito poderosos, em compensação muitos outros têm sido apanhados em flagrante delito de fraude. A luta diária pela vida assim o exige, pois o desgraçado médium público nada mais obtém, se não pode produzir o fenômeno que dele se espera; e pior ainda se ele se engana, mesmo inconscientemente!... A sua única consolação deve consistir em pensar que, na Idade Média, pior seria: — com certeza o queimariam!

Fotografias psíquicas

Seria talvez notado o meu silêncio a propósito deste gênero de fenômenos; por isso direi a respeito algumas palavras. Creio que a questão ainda não está amadurecida, pois Oxon, nessa época, denunciava os diversos artifícios empregados para falsificar o fenômeno.

As experiências mais curiosas nesta ordem de ideias são as do Sr. Traill Taylor, diretor dum jornal inglês de fotografia. Este cavalheiro, que tem todas as qualidades de um homem de ciência, é igualmente perito em química fotográfica e em pesquisas ópticas; escreveu diversas obras sobre estes assuntos, que conhece a fundo. Além disso, foi nomeado membro honorário da Sociedade Politécnica da Rússia. A sua boa fé é indiscutível.

Em 1893, o Sr. T. Taylor fêz diversas experiências com o Sr. D. Dugnid, mecânico, que tem dons mediúnicos muito pronunciados, e a essas experiências assistiram um sacerdote, um doutor, membro de duas sociedades científicas, um sábio, dois comerciantes de Glasgow, além do Sr. Glindining, que publicou o relatório das sessões numa brochura, cuja cuidadosa leitura recomendo a todos quantos sabem o inglês. E' muito curiosa.

Tomaram-se as precauções mais minuciosas, e os resultados são muito interessantes.

Várias imagens de mulheres e de homens vieram interpor-se, na chapa fotográfica, entre o médium e o Sr. Taylor. Nenhuma das figuras obtidas desse modo foi reconhecida pelas pessoas presentes, à vista do que o Sr. Taylor pergunta se essas imagens não seriam *cristalizações do pensamento,* e se a luz e a vontade nada têm que ver com esse fenômeno.

Trata-se, pois, de saber se essas imagens são de Espíritos ou projeções do pensamento, quer dos assistentes, quer do médium. O Sr. Fouillée fêz longo estudo sobre as ideias-força. Talvez as suas teorias encontrassem um apoio inesperado nesses fenômenos misteriosos.

Pôde-se também obter *a imagem do médium, embora este não estivesse presente no momento da experiência;* isso faria supor que o corpo psíquico do médium pôde destacar-se dele e vir colocar-se diante da câmara negra.

Pode o cérebro humano produzir pela vontade uma projeção ódica representando a imagem dum parente que está presente à sua memória, ou isso não passa de manifestações de Espíritos, como crêem os espíritas?

A questão é complexa e merece estudada com cuidado, antes que se pronuncie uma opinião definitiva.

O Dr. D. Clarke, nas suas viagens através dos Estados Unidos, teve, diz ele (no *Jornal Ilustrado da Califórnia*) —, a prova de que muitas vezes apareciam nos negativos imagens de artistas que nada sabiam de fotografia psíquica e nela não acreditavam, até o dia em que foram forçados a render-se à evidência. Em dois casos citados pelo doutor, as imagens persistiam em aparecer, *apesar de todos os meios empregados para impedi-lo.* Esses artistas, que tinham ideias religiosas exageradas, abandonaram a sua profissão, cuidando que esses fenômenos eram artes do diabo.

Experiências do Dr. Oliver Lodge

Em Novembro de 1894, o Dr. Oliver Lodge, professor de física no Real Instituto Científico de Dublin, leu, perante os membros da Sociedade de Pesquisas Psíquicas de Londres, um relatório sobre as suas experiências com Eusápia Paladino, médium de quem já tenho falado.

Convidado pelo Dr. Charles Richet a procurá-lo numa pequena ilha perto de Hyéres, o doutor partiu com seu amigo, o professor F. M. Myers, e ambos passaram seis dias (em Julho de 1894) nessa ilha, onde viera encontrá-los o Dr. Ochorowicz, de Varsóvia.

O fim dessa reunião de sábios era estudar, *pelos mais rigorosos métodos,* os fenômenos que se produziam na presença de Eusápia Paladino, camponesa napolitana.

"Eu era — diz o Dr. Lodge — absolutamente céptico no tocante a *movimentos produzidos sem contacto,* mas o meu cepticismo teve que render-se à realidade dos fatos.

"Atualmente, tenho a convicção de que diversos fenômenos desse gênero podem, em certas condições, produzir-se dum modo real e objetivo.

"Os fatos que posso garantir, como amplamente suficientes para estabelecerem uma verdade não reconhecida pela ciência, são os *seguintes* (tomando as precauções que podem impedir qualquer ação *normal* do médium):

1.° — Os movimentos duma cadeira, visíveis em circunstâncias que tornavam impossível qualquer ação mecânica;

2.° — Os movimentos duma cortina de janela, sem haver vento ou qualquer outra causa ostensiva;

3.° — O som das notas dum piano que ninguém tocava;

4.° — Uma volta de chave dada visìvelmente no interior do salão, o transporte dessa chave para uma mesa, depois a sua recolocação na fechadura da porta;

5.° — Os movimentos duma pesada mesa colocada atrás da médium (longe dele) e o soerguimento dela, em condições em que habitualmente seria impossível levantá-la;

6.° — Sinais azuis aparecendo sobre uma superfície branca, sem meios ostensivos de escrita;

7.° — Os contactos; pressões e carícias na minha cabeça e nos meus braços, enquanto se prendiam as mãos e os pés do médium.

Naturalmente os quatro sábios se haviam certificado de que ninguém, além deles, podia tomar parte nas suas experiências, durante as quais constataram ainda a aparição de grande mão e o contorno de um rosto ensombrando a luz.

Segundo observa o diretor de *Light,* jornal em que foi publicado esse relatório, "as pessoas muito fortes, que julgam conhecer tudo, inclusive *todas as leis da Natureza* e todos os limites do que é possível, serão levadas a refletir."

Efetivamente, as experiências dos quatro sábios foram conduzidas de acordo com métodos e precauções que lhes dão valor especial. O Dr. Lodge e F. H. Myers seguravam sempre os pés e as mãos do médium, de modo que ele não pudesse mover-se. Apesar de tudo, os fenômenos psíquicos se produziram, e os dois sábios ingleses puderam ter a prova de que toda fraude era impossível. "Estes fatos — diz o doutor — parecem invalidar as leis físicas, mas não o creio. Certas coisas que parecem anormais, pertencem à ordem da Natureza."

E' o que pensava o Sr. Mac-Nab, e é também a minha opinião; espero, pois, que dentro em pouco os sábios recalcitrantes se dignarão reconhecer esses fatos que parecem inadmissíveis.

CAPÍTULO IX

A IDENTIDADE DOS ESPÍRITOS

Eis uma das mais difíceis questões para todos os que estudam os fenômenos psíquicos e as relações dos homens com os desencarnados.

As provas de identidade, fornecidas pelos invisíveis que se comunicam, nem sempre são concludentes e muitas vezes são pouco aceitáveis as explicações que nos dão os incrédulos; daí, como em todas as coisas, há um meio termo.

Num dos números do *Echo du Merveilleux*, Gaston Méry resumia a questão nestes termos: "Os Espíritos evocados nos trabalhos espiríticos dão provas absolutas da sua identidade? Os espíritas dizem que sim; eu direi que não, até que me demonstrem o contrário."

Não partilhando de todas as ideias ou opiniões dos espíritas franceses, acredito, como eles, que se podem perfeitamente assinalar alguns casos em que os desencarnados têm dado provas da sua identidade. Gaston Méry diz *provas absolutas;* eu acho que não se deve ser exagerado em nada nem se mostrar muito absoluto naquilo que se procura.

Os desencarnados nos dizem muitas vezes que nem sempre lhes é fácil comunicarem-se; as condições são variáveis e as *dificuldades por vezes insuperáveis*. E' isso que nem sempre querem compreender os incrédulos ou os homens de ideias preconcebidas.

E' fácil dizer que os casos positivos de identidade são exceções; da minha parte, porém, durante as pesquisas para o meu livro, encontrei-os em grande número; perdi muito tempo para achá-los entre os numerosos documentos psíquicos que tive entre as mãos, mas me contentarei de assinalar uma boa porção deles.

Comecemos por alguns fatos históricos:

Caso I. — Carlos I foi duas vezes avisado, pela aparição de lord Strafford, de que devia evitar o encontro com o exército dos parlamentares, então em North-Hampton. O príncipe Rupert, céptico da época, dissuadiu o rei de tomar a sério esse aviso, e o rei, marchando resolutamente para o norte, foi surpreendido em caminho e sofreu o desastroso desbarato de Naseby. — Dir-se-á que Carlos I foi vítima de uma alucinação; isto, porém, me parece inadmissível, pois o aviso, além de categórico, foi dado duas vezes e o rei andou mal não o seguindo. Porque não se aceitar que Strafford tenha querido dar uma última prova da sua dedicação ao rei, a quem, em vida, tanto se devotou?

Caso II. — No seu livro "Monarchy or no Monarchy (1651) Lily, inglês, conta o fato seguinte, que *foi confirmado por vários* contemporâneos: "Um homem idoso, chamado Parker, que pertencera à casa do duque de Buckingham e fora amigo íntimo do George Vuliers, pai do duque, declara que por duas vezes este lhe aparecera e na segunda vez lhe dissera: — Sei que a grande afeição que tinhas por mim, tens hoje por meu filho, e, *como me deves bem reconhecer por seu pai,* dize-lhe tais e tais coisas particulares (e citou-as); aconselha-o a que renuncie à convivência com tais e tais pessoas, senão a sua morte será tão certa quanto súbita!"

Parker supôs isso um sonho, diz-nos Lily; e, não querendo assustar o duque, à vista das informações que lhe pareciam tão pouco seguras, guardou segredo sobre isso, tanto mais que temia os motejos de seu amo, que lhe chamaria talvez doido.

Alguns dias depois, certa noite, pela terceira vez apareceu o velho duque; parecia bastante zangado e, caminhando para Parker, lhe disse:

— Eu te supunha amigo, tanto meu quanto de meu filho. E, uma vez que não lhe deste o aviso de que te encarreguei, de novo te peço que o faças.

Parker, atemorizado desta vez, respondeu que o jovem duque era um céptico, e receberia mal o aviso, ao que o duque retrucou:

— Se ele não te acreditar, narra-lhe o seguinte segredo que só eu e ele conhecemos.

E contou ao velho amigo alguma coisa de importante.

Parker, *convencido agora de que não sonhava,* contou ao jovem tudo quanto acabava de lhe suceder, e, ouvindo as estridentes gargalhadas do mancebo, repetiu-lhe o segredo que o velho confiara. O mancebo, perplexo, disse-lhe que só o demônio poderia ter revelado isso e, talvez por esse motivo, não aceitou o conselho paterno e *continuou na sua vida de devassidão.*

Ainda uma vez, o velho duque apareceu a Parker para dizer-lhe, profundamente triste:

— Sei que falaste a meu filho e que ele não aceitou o meu conselho; pois bem, volta a ele; dize-lhe pela última vez, que, se não se corrigir, morrerá por uma punhalada...

A profecia se realizou inteiramente, pois em 23 de Agosto 1628 o duque de Buckingham foi ferido pelo punhal de Félton.

Este caso é característico; compreende-se que um pai, ao ver o perigo que corria seu filho, se tenha esforçado em preveni-lo. Supor que um demônio tenha tomado a figura do velho duque para aconselhar o filho, é tão pueril quanto ilógico, pois o dever de um demônio seria mergulhar ainda mais o mancebo na sua vida de depravação e não tentar daí retirá-lo, dando ainda mais força ao seu aviso com a prova da existência supra-terrestre de seu pai. Supor também que um *elemental* tenha tomado a aparência de um *elementar* para falar a Parker, segundo nos contam os teósofos, não é menos inadmissível. Ou se crê ou não se crê no Além, e, se se crê, deve-se ser lógico.

Caso III. — O conde de Rochefort, do XVII século, conta nas suas memórias os seguintes fatos, acrescentando que "talvez o leitor hesite em acreditar, mas há ainda pessoas de tão alta consideração, descendentes daqueles de quem vou falar, que poderão dizer se é ou não a verdade."

Eis os fatos:

— O marquês de Rambouillet era amigo íntimo do marquês de Précy; certa noite, depois de haverem conversado sobre coisas do outro mundo, cada um prometeu ao outro vir, logo que morresse, trazer notícias de além-túmulo. Dois ou três meses se passaram sem que se lembrassem mais desse trato; entretanto, chegou o tempo de partir para o exército (ambos eram militares); o marquês de Rambouillet seguiu para Flandres, enquanto que Précy, atacado de uma febre maligna, ficava na casa de Dupin, onde se tinha alojado.

Um mês ou cinco semanas depois, pelas 6 horas da manhã, Précy, deitado ainda, ao sentir que alguém abria o cortinado do leito, voltou-se para ver quem era, e deparou com o marquês de Rambouillet, de botas, armado e equipado.

Précy quis saltar-lhe ao pescoço para testemunhar a alegria que sentia pela sua volta, mas o marquês, recuando vivamente, lhe disse "que havia sido morto na véspera, em tais e tais condições, e que viera até ele só para cumprir a sua promessa; que nada havia de mais verdadeiro do que o que se dizia a respeito do outro mundo; que devia procurar viver de modo diverso daquele em que vivia; que também seria morto na primeira ocasião; portanto, não havia tempo a perder."

Précy, não acreditando nem no que via nem no que ouvia, saltou do leito para abraçar o amigo, que ele supunha estar ali gracejando, porém só encontrou o vácuo. Rambouillet então, vendo a incredulidade do seu amigo, mostrou-lhe o lugar em que recebera o golpe, na região renal, depois desapareceu deixando Précy tão atemorizado que, com os seus gritos, despertou todos os habitantes da casa.

O conde de Rochefort, que aí se achava também, veio com Dupin, o locatário, ver o que se passava, ouvindo ambos de Précy a minuciosa narração do fato que levaram à conta de sonho, com grande desespero dele por ver que o tomavam por um visionário. Inùtilmente se esforçou por fazer acreditar nas suas palavras; conservamo-nos incrédulos até à chegada da mala postal de Flandres.

Ao recebermos a notícia da morte do marquês de Rambouillet, olhamo-nos significativamente, achando já alguma coisa de verdade no que contara Précy.

Pouco tempo depois, recomeçaram as guerras civis. Précy quis ir ao combate de Port Saint-Antoine, e, não querendo passar por covarde, apesar de seus pais tentarem por todos os meios impedi-lo, seguiu e foi morto, com grande dor de toda a família.

Não se pode pôr em dúvida a grande boa fé do conde de Rochefort, pois que, até à chegada da mala de Flandres, nem ele nem o seu locatário acreditavam na realidade do fato. Se isto não é um caso bem patente de identidade, que será então? Telepatia de um morto a um vivo? Opinião sem fundamento, pois é evidente que o Espírito desencarnado, de Rambouillet, se transportou até junto de seu amigo e lhe deu provas indiscutíveis da sua morte e da sua identidade. Demais, sendo 6 horas da manhã, por certo Précy já não dormia; apesar disso, porém, *não acreditou, até o último momento, na aparição de seu amigo materializado* e, infelizmente para ele, tanto quanto o duque de Buckingham, não ligou importância ao conselho que lhe fora dado de além-túmulo.

Buscando-se bem na história de todos os povos antigos, estou certo, muitos fatos do mesmo gênero se encontrariam; mas pesquisemos agora os fatos modernos.

No interessante jornal do Sr. G. Méry, *L'Echo du Merveilleux,* acho desde logo três casos de identidade que me parecem bem positivos.

O primeiro (Agosto de 1899) é o seguinte:

Durante o inverno de 1987, o abade L... (conde Lubienski), vigário de Santa Cruz, Varsóvia, trabalhava só, nos seus aposentos, quando ouviu alguém bater-lhe à porta; foi abri-la, e viu diante de si uma menina pobremente vestida, que lhe suplicou fôsse levar os últimos sacramentos à sua mãe agonizante.

O digno sacerdote acompanhou a rapariga até uma pobre mansarda, onde encontrou uma mulher deitada, enferma, que o recebeu com provas de reconhecimento, mas inquiriu-o, não sem admiração:

— Quem vos foi chamar? Sr. Abade. Vivo aqui tão só, que não tinha a quem mandar ao vosso encontro.

— Vossa filha...

— Minha filha? Não pode ser, Sr. Abade, pois acaba de morrer. Ainda ali está no leito em que expirou.

O vigário de Santa-Cruz aproximou-se, e grande foi o seu espanto ao reconhecer na finada a mesma menina que o fora chamar para junto de sua mãe.

Esta história circulou em Varsóvia e em toda a Polônia. Ninguém ousou pôr em dúvida a veracidade das palavras do abade, única testemunha ocular.

E' evidente que a menina morta, imbuída de ideias católicas, quis obter para a sua mãe os últimos socorros da religião.

Foi, portanto, *como Espírito desencarnado,* que

ela foi chamar o sacerdote, e este, reconhecendo a finada, obteve incontestável prova de identidade.

O 2.º e o 3.º casos se acham nas memórias de uma vidente, a Sra. C. Vauthier (*Echo*, de 1 a 15 de Abril 1899.)

Arsène Houssaye, que todo o mundo em Paris sabe ter sido um *amável céptico*, não contava sem viva emoção o seguinte fenômeno:

"Eu acabava de me separar da Sra. G... para contrair segundas núpcias. Seu desespero me parecera excessivo, pois ela era uma grande trágica. Deixando-me, a Sra. G... dissera: "Vou matar-me. Se além deste mundo se viver ainda, voltarei para perto de ti, como um remorso eterno.

"No dia posterior, à noite, ao atravessar a minha galeria, então às escuras, ao fundo, num espelho, entrevi como que uma luz que se dissipava, conquanto *perfeitamente distinta*, a cabeça da Sra. G..., que me aparecia como no momento do seu profético adeus, e pouco depois eu vinha a saber que a Sra. G... se havia envenenado. De *então em diante, muitas vezes a vi.*"

Como se pode notar, Arsène Houssaye não era predisposto à alucinação visual, *porquanto ignorava ainda a morte de sua amante* quando esta lhe apareceu. Evidentemente A. Houssaye sorrira da ameaça da Sra. G..., pois devia pensar que era uma simples comédia representada pela atriz; pode-se, portanto, acreditar que a sua emoção fôsse viva e sincera, logo que soube da sua morte. Ver desencarnados é, certamente, a prova mais positiva de identidade.

Certa noite — conta a Sra. C. Vauthier — sem que coisa alguma — nem conversação, nem reminiscências do passado — *me tenha podido predispor, fui sùbitamente despertada* por uma impressão de frio, que passou pela minha fronte e *forçou meus olhos a ficarem abertos*. Pertò de mim estava minha irmã Edith, e eu a ouvia falar. Queixava-se, sofria muito...

Desaparecendo, como se me quisesse dar *uma prova material* da sua passagem, encontrei quebrada, na manhã seguinte, a redoma que guardava o seu retrato.

Como se pode julgar pelas linhas grifadas, a Sra. C. Vauthier estava *perfeitamente acordada* na ocasião em que sua irmã lhe apareceu. Supor-se que, nos dois casos de aparição de desencarnados que acabo de citar, fôssem demônios que tomassem as máscaras da Sra. G... e da senhorita Edit, seria uma injúria ao bom senso e, especialmente, à bondade de Deus, que nunca permitiria tais comédias. Não se pode assim abusar de sentimentos tão respeitáveis.

Diz o Sr. G. Méry, a propósito dessas memórias da Sra. Vauthier, que não há um só dos fatos psíquicos narrados por essa senhora no qual não se descubra uma ideia oculta de *enganar,* de destruir, de surpreender. Os dois fatos que acabo de citar são *a prova evidente* do contrário. Houve duas manifestações bem positivas de desencarnados, como os que se encontram às centenas no *Proceedings* da *Society for Psychical Researches,* de Londres.

O Sr. G. Méry diz também no mesmo artigo: "Constata-se, em todos os seres que se manifestam nas experiências espíritas, certa propensão para a mentira, para a mistificação. Pode-se dizer que todo Espírito evocado é mentiroso."

Posso afirmar ao Sr. Méry que o seu erro é completo, e pela minha parte nunca fui enganado nas minhas experiências psíquicas; é certo que, segundo o preceito de S. João Evangelista, eu *submetia sempre os Espíritos a uma prova,* e nunca a minha "pedra de toque" psíquica me fêz enganar. Só os experimentadores por demais crédulos são sempre ou quase sempre iludidos por acreditarem em tudo quanto lhes diz um invisível, como acreditariam no primeiro que encontrassem na rua, mesmo sem o conhecerem. O Sr. G. Méry parece formar uma *opinião satânica* dos invisíveis, que, felizmente, não são tão tétricos como lhe parece.

No *Echo du Merveilleux,* de Dezembro 1899, havia um artigo firmado com o pseudônimo — *Géristis* — que, parece, resume a questão de modo mais claro e mais lógico possível, dizendo que, no plano de existências que acompanha o nosso, há seres de toda a espécie, como sejam — medíocres, ternos, frívolos, falazes e inofensivos, uns maus, outros de ordem mais elevada.

Este anônimo diz também que: "O defeito de certos católicos — não de todos —, seu erro, pode-se dizer, é de ver em quase todas as manifestações de ordem extra-física a intervenção do Diabo em pessoa, como princípio do mal..."

Partilho inteiramente desse modo de ver, que me parece, como a *Géristis,* o mais razoável e sobretudo o mais evidente; de outra forma, cai-se nos exageros e nas ideias preconcebidas.

Certos espíritas vêem Espíritos por toda parte, mesmo nas manifestações puramente anímicas, como já disse Aksakof. Muitos católicos, também, enxergam o Diabo em toda manifestação invisível; fiquemos então bem no centro, e afastemo-nos dos intransigentes. E' o melhor método para todo experimentador independente.

Nas suas memórias, a Sra. C. Vauthier diz ter desejado muito ver sua avó, mas que nunca teve essa satisfação.

Como o Sr. Camilo Flammarion, ela lastima o silêncio dos seus parentes e dos seres que lhe foram caros.

A solução deste problema foi dada por diversas comunicações psíquicas que vou resumir.

No livro *Automatic Writing,* da Sra. Underwood, uma americana não espírita, diz ela, propôs essa questão tão importante, e eis o que lhe foi respondido:

"Apesar do vosso grande desejo de obter comunicações de vossos parentes *e amigos,* a *coisa é mais difícil do que o pensais.*

Os laços de simpatia são mais fortes além-túmulo, que os laços de família. Estais admirada do silêncio de muitas pessoas que julgáveis vos fôssem simpáticas e que não o eram."

E' evidente que, muitas vezes, aqueles que se supõe serem nossos amigos só o são na aparência. Nas melhores famílias há também, muitas vezes, animosidades secretas. Além disso, aqueles que amamos e que desejaríamos tornar a ver são, frequentemente, os mais distantes de nós no além da vida, e se acham em condições de não poderem comunicar-se. Deve-se também considerar que os parentes e amigos dormem, não seu último sono, mas o primeiro estado letárgico que se segue à morte do corpo; este estado é mais ou menos longo para uns, que para outros. E' preciso ter-se a candidez psíquica do Sr. Camilo Flammarion, para se imaginar que o mais vivo desejo de tornar a ver um amigo, seja suficiente para permitir que o fenômeno se produza.

Eis ainda a este respeito a curiosa resposta que encontrei em *Light*, de Dezembro 1899:

"O fato de alguns desencarnados desconhecidos se manifestarem mais vezes, que os parentes ou amigos, pode ser explicado de vários modos.

"Nas sessões públicas, muitos estranhos desencarnados podem manifestar-se; nas sessões particulares, *o desejo muito vivo de obter comunicações de seus parentes ou amigos* é um sério obstáculo. Muitas vezes também, o próprio desejo que os desencarnados têm de se comunicarem, pode produzir o mesmo efeito."

Talvez pareça isto estranho, tanto aos incrédulos como aos crédulos, mas é evidente que este resultado nasce de efeitos produzidos por leis que não conhecemos.

Como já tenho repetido muitas vezes, só chegaremos a conhecer essas leis pouco a pouco (pelo menos assim o espero), e, então, isso que nos parece extraordinário, não mais será para admirar.

Eis ainda o que acrescenta o mesmo invisível:

"Outra razão que impede essas comunicações frequentes (entre parentes ou amigos) é que muitos passam desta para a outra vida com a ideia enraizada de que não há comunicação possível entre os vivos e os mortos."

Efetivamente, eles se recusam a toda manifestação desse gênero, pois o fato de passar de um plano a outro não os transforma assim tão fàcilmente.

"Outros ainda, que desejariam comunicar-se, nem sempre acham um médium em afinidade psíquica consigo, ou, se o encontram, podem muito bem não saber ou não poder servir-se dele como instrumento para patentearem sua presença. Muitos na Terra, como na outra vida, ignoram as dificuldades e os limites impostos às relações entre encarnados e desencarnados."

Se algumas pessoas, como o Sr. Camilo Flammarion, nunca obtiveram comunicações, pode-se afirmar que com outros se dê o mesmo fato? Em regra geral, para os casos de identidade, que merecem reparo, é, principalmente da parte de parentes ou amigos, que se podem ter as provas mais seguras (quando Deus o permite), pois eles se acham em condições de narrar fatos ignorados muitas vezes deles mesmos, e que depois verificamos serem exatos.

A prova mais positiva é ainda a da materialização. Citei no meu livro casos bem curiosos, entre os quais o do Sr. Livermore, e é certo que, logo que uma mãe, uma irmã, um irmão, etc., se materializa e vem atirar-se, em pranto, nos braços dos parentes que amou na Terra, e que, quando é preciso separar-se de novo, o faz pesaroso, seria ímpio ou ridículo acreditar que Deus pudesse permitir que demônios viessem representar os mais sagrados sentimentos da Humanidade. Recuso-me absolutamente a admitir semelhante comédia, que seria injuriosa à bondade de Deus.

Neste meu livro já apresentei as provas de identidade dadas a um inglês da Austrália, o Sr. H. J. Brown, graças às materializações. Os pais do Sr. Brown, e dois dos seus filhos, um dos quais morrera afogado, foram vistos e reconhecidos não só por seus parentes, como também por seus amigos, com todos os detalhes característicos.

No seu livro *There is no Death,* a Sra. Marryat cita alguns casos de identificação pela materialização, e o mais frisante é o da sua irmã Amélie, falecida seis anos antes da sua aparição.

Nas memórias de lady Bloomfield, há um caso de identidade tão curioso, que eu com satisfação o narraria se não me faltassem os documentos respectivos, que infelizmente não possuo. Ele, porém, traz à mente outro fato do mesmo gênero, que se acha no livro *Animismo e Espiritismo,* de Aksakof, cujo lado característico é que a pessoa que viu o Espírito *estava convencida de que sua amiga* (ou criada, não me recordo bem) *ainda existia.*

Aksakof narrou ainda outros casos muito interessantes.

Nos *Annales des Sciences Psychiques*, de Novembro e Dezembro de 1898, o caso de Fultawa é também notável. Oxon (Sainton Moses), no seu livro *Spirits' Identity,* cita vários casos dos quais os mais curiosos são os de Albert Florentine e do homem que foi esmagado por uma máquina; mas, como se acham traduzidos em diversos livros espíritas, não tratarei deles.

O professor Elliott Cowes, sábio americano que presidiu ao Congresso Psíquico de Chicago, disse: "A questão de saber se a alma pode manifestar-se depois da morte do corpo, depende das provas"; ora, elas são numerosas, concludentes e, segundo as leis ordinárias, testemunhos humanos bastariam para estabelecer os fatos perante qualquer tribunal. Tantos casos de aparição depois da morte têm sido examinados em todos os sentidos pela *Society for Psychical Researches,* da América e da Inglaterra, que, na minha opinião, a realidade das aparições está estabelecida de modo positivo.

O Sr. F. H. Myers, sábio membro daquela sociedade, dizia que "as provas sobre as quais o Sr. Oxon baseou seu livro *Spirit's Identity,* se ele as tivesse estudado de modo mais completo, poderiam ser ainda mais fortes e convincentes do que o autor imaginava.

Pergunto ao Sr. G. Méry: pode-se sustentar um instante que um demônio tenha tomado a máscara do Sr. G., para aparecer à vidente? Dizer o que tinha feito, com seus gestos habituais, e, sobretudo, falar da sua adega, *do seu bom vinho,* mesmo supondo-se ser ele um bom diabo? Não se compreende com que propósito, com que fim podia fazer tudo isso. Sob o ponto de vista satânico, isso seria *perder tempo* e fortalecer no encarnado a ideia *da outra vida* — o que se poderia chamar um desazo diabólico — e estou persuadido de que, salvo os católicos exagerados, todos estarão convencidos, como eu, de que, em muitos casos, os mortos podem voltar e dar provas da sua identidade e sobrevivência.

A Sra. Underwood diz no seu livro:

"Por diversas vezes os invisíveis têm escrito, pela minha mão, que os *maus Espíritos* frequentemente se divertem e se satisfazem em enganar os encarnados, e que é preciso pôr-se em guarda contra eles, não os escutando e fazendo-lhes ver que *não nos podem fazer cair nos seus embustes.*

"Muitas vezes também, acrescenta esta, os invisíveis me têm pedido para dar aos meus amigos primeiro, e depois ao publico, conselhos que me trazem do *Além,* conselhos que visam ùnicamente acalmar a apreensão da morte e afirmar a realidade da outra vida. Hesitei, porém, por muito tempo, temendo o que se poderá dizer e, sobretudo, que se me chamem louca; mas os invisíveis tantas vezes me têm repreendido por esse receio, que me decidi a publicar o meu curioso livro."

Oxon (S. Moses), nos seus *Spirit Teachings (Ensinos dos Espíritos)*, diz-nos também que muitas vezes os invisíveis que se comunicaram com ele *eram impedidos por falanges de Espíritos maus, que faziam todo o possível para entravar o bem que esses conselhos pudessem produzir.*

Swedenborg nos põe igualmente em guarda contra as entidades malévolas que, felizmente, não são as únicas que influenciam os homens.

Como já o disse: Desconfiai e assegurai-vos bem se falais a um bom ou a um mau Espírito.

Voltemos agora aos casos de *Light*, fornecidos pelo seu redator:

5.º — Certo Sr. C... deu todos os detalhes concernentes à sua vida: a distância da sua residência da vila mais próxima, o choque que sentiu no vagão no mesmo dia de sua morte, porém que só após o jantar se sentiu mal; depois, quando se achava na biblioteca, sentiu uma dor intensa, que lhe determinou a morte, justamente no momento em que o criado lhe trazia o café. Narrou que, em 1896, uma moléstia interna o forçou a abandonar sua profissão de magistrado, e falou também sobre certos acontecimentos que se deram no seio de sua família, em Agosto, mês que se seguiu ao da sua morte. Todos estes fatos íntimos eram desconhecidos do médium, e fáceis de verificar. O mesmo Sr. C... havia escrito longa missiva referente a negócios dos tribunais, que o redator não pôde constatar apesar das pesquisas feitas, quando um fato inesperado lhe forneceu para isso os meios.

Um de seus parentes, homem da lei, que viera visitá-lo, jantava com ele e a senhora vidente, quando esta lhe perguntou:

— Acaso conheceis o processo T... e B..., ocorrido em 1893?

— Oh! Conheço bem; foi um processo que dirigi, quando eu era juiz da corte.

E deu então ao redator todos os esclarecimentos do processo, todos os detalhes, que coincidiam exatamente com o que o Sr. C... havia dito ao médium. Esclareceu assim tudo quanto parecia misterioso e incompreensível ao redator; instigou-o a falar com o magistrado que o havia sucedido, e a pedir-lhe emprestado por um dia tòdos os autos desse processo; e, isto feito, o redator constatou *que todos os detalhes dados pelo desencarnado Sr. C...* eram exatos, até mesmo a data do processo — 24 de Fevereiro 1893.

Este caso é tanto mais curioso, quanto os detalhes dados pelo desencarnado *eram* inteira e absolutamente ignorados do médium, e que, além disso, por motivos particulares, o processo não havia sido publicado nos jornais.

Pode-se dizer que um invisível, que não o Sr. C..., tivesse lido todas aquelas particularidades no cérebro dos parentes do Sr. C..., e depois nos autos do processo; mas, com que fim esse outro Sr. C... invisível daria todos os esclarecimentos destinados a identificá-lo junto de seus amigos? Para ludibriá-los? Para que, então? Para fazer-lhes mal, podia-se supor, mas no caso não há sombra de tal; ao contrário, provar a sobrevivência, é fazer o bem.

Certamente não faltam desencarnados farcistas, mas qualquer investigador, com um pouco de experiência psíquica, disso se preservará fàcilmente. Só os crédulos em demasia, aqueles que em tudo crêem, se deixarão apanhar.

N. 6. — Outro correspondente de *Light* conta o seguinte fato:

A Sra. N... falecida algum tempo antes da sessão, absolutamente íntima, escreveu pela mão da médium, Sra. Coates, que não a conhecia:

"Não posso habituar-me à minha nova situação *(no mundo dos Espíritos)*; inquieta-me a sorte de minha filha N..., que pessoas amigas procuram levar para junto de si. Desejava que a prevenissem, para ela não ir para perto dessas pessoas."

E deu outros conselhos de natureza íntima.

Essa filha da Sra. N... tinha várias enfermidades, para as quais, disse sua mãe, era necessária a presença de alguém que lhe fôsse simpático; daí, a sua ansiedade, pois sabia que essas pessoas que procuravam viver com a filha apenas queriam aumentar seus recursos com a pensão paga pela jovem. Esta sorte de *achegos,* raros na França, são frequentes na Inglaterra.

Ora, com que fim a Sra. Coates escreveu tudo isso, mostrando-se aflita por uma pessoa cujo nome não conhecia, nem o caráter, nem a vida, nem as enfermidades? Ao contrário disso, não é lógico que a mãe da moça, mesmo falecida, tenha sempre conservado esse sentimento, tão natural, de afeição e cuidado por sua filha? Se esse não é um caso de identidade, que será então? Aí a telepatia nada tem que ver; quanto a ser um demônio, seria faltar a todos os seus deveres o mostrar-se assim tão caridoso, e seria até o caso de agradecer tanta bondade.

Em outra sessão comunicou-se o pai do redator, que pareceu também interessar-se pelos negócios de sua família, dando-lhe excelentes conselhos e pondo-o em guarda contra certos acidentes claramente indicados.

Um Sr. Tom P... contou como morrera, no Rio de Janeiro, de febres; os seus esclarecimentos foram, dois meses depois, confirmados por sua família. E' um dos casos mais insignificantes.

Fato bastante curioso é o seguinte, fornecido por miss Lilian Whitting, que o obteve graças à médium Sra. Pipers. São comunicações de sua amiga, já falecida, miss Kate Field:

"Em Agosto de 1896, três meses depois da morte de miss Field, voltava eu da Europa e tencionava ir a Honolulu, na Oceânia, onde ela fora enterrada, quando miss Field me disse: "Lílian, não vá a Honululu: aquela que ides procurar virá aqui." No fim de três meses recebi a visita das quatro pessoas, por causa das quais eu ia empreender essa longa viagem.

Em Outubro de 1896 dirigi-me ao Dr. Hodgson, para facilitar-me uma sessão que se realizou a 24.

A Sra. Pipers, em transe semi-letárgico, escreveu: "Sou Kate Field", na sua caligrafia habitual. E, por entre mil detalhes particulares e inteiramente pessoais para serem reproduzidos, mas que tinham todos os característicos da sua personalidade, miss Field falou-me do seu testamento, que fizera em favor de um Sr. S. Beaty, que eu não conhecia. Como sua amiga íntima, pediu-me que me interessasse por esse negócio e me fêz sabedora, pela mão da Sra. Pipers, de uma transação que se verificara num aposento do hotel Vitória, em Nova-Iorque, em certa data, transação de quem nem o primeiro nome eu conhecia. Exprimiu ainda o desejo de fazer encontrar esse Sr. Beaty, que para mim era um desconhecido, e acrescentou: "Vou atuar sobre ele para que venha aqui." Alguns dias depois traziam-me o cartão de visita do Sr. Beaty, que, logo ao entrar, me disse: "Eu pretendia escrever-vos pedindo que me marcásseis uma entrevista, *mas senti tão estranha pressão me influenciando para vir falar-vos,* que vim, mesmo passando por sobre as conveniências." Durante a nossa conversação, disse-me porque havia miss Field feito um testamento tão particular, e contou-me todo o negócio de modo quase idêntico ao que fora escrito pela Sra. Pipers. *Duas testemunhas podiam isso afirmar.*

Ao terminar sua narração, disse-lhe eu:

— Não sei, Sr. Beaty, se acreditais nas comunicações dos vivos com os mortos...

— "Meu Deus! Estou tão pouco ao corrente dessas coisas!... Entretanto, algumas vezes sinto perto de mim como que a presença de minha mãe."

Mostrei-lhe, então, a comunicação escrita pela

Sra. Pipers sobre o negócio de que ele me vinha falar."

Este fato é bem notável. E' evidente que nenhuma outra pessoa desencarnada, a não ser miss Field, teria interesse ou o direito de se ocupar tão pertinazmente desse negócio, inteiramente pessoal. O que é mais interessante, é que o Sr. Beaty pudesse ser influenciado de modo a vir tão ràpidamente ao encontro de miss Whitting, que ele não conhecia. Isso nos prova mais uma vez quanto os desencarnados se interessam ainda pelos negócios da Terra, mormente quando não seguem o curso que desejavam em vida.

Mais tarde, miss Whitting recebeu muitas comunicações da sua amiga de além-túmulo, mas não possuo ainda os respectivos documentos.

Finalmente, a Sra. Pipers não podia ir buscar no cérebro de miss Whitting essas minuciosidades de fatos, que ela também ignorava (29).

A Sra. Underwood cita ainda o fato curioso de um homem que adorava sua esposa e que, tendo-a perdido, pensou um dia em consultar, em Bóston, um médium que não o conhecia, pois habitava em

(29) Uma nova prova e ainda mais frisante, da identidade da finada miss Kate Field, foi dada recentemente a miss Lílian-Whitting. Achando-se ela em Florença, foi apresentada à Sra. Bertini, senhora dotada de várias mediunidades, e a uma sua amiga, também italiana, que era vidente. Numa sessão particular na casa da Sra. Bertini, Kate Field manifestou-se e deu muitas provas de identidade à sua amiga Lílian Whitting; além disso, durante as suas comunicações, a vidente, amiga da Sra. Bertini, **viu bem claramente Kate Field,** e a descrição que fêz concordava absolutamente com os sinais de outrora. Viu também perto de Kate Field a forma de um velho extraordinàriamente parecido com a fotografia do Sr. Landor, que havia sido preceptor de Kate Field, quando, na sua mocidade, fora a Florença estudar o idioma italiano e a música. Nessa sessão, Kate Field fêz à sua amiga algumas recomendações características, porém muito íntimas para serem publicadas. Este caso, bastante notável, foi comunicado ao Dr. Hodgson, membro da **Société de Recherches Psychiques.**

outra cidade distante. O médium lhe disse que: "sua esposa o encarregava de pedir-lhe que, uma vez em casa, se sentasse à mesa e pegasse em um lápis, para que *ela viesse comunicar-se.*

Efetivamente, logo que chegou a casa, após alguns ensaios infrutíferos, sua mão começou a escrever uma missiva *com a caligrafia exata de sua finada esposa.*

Grande foi sua surpresa por este fato independente da sua vontade.

Não tendo dado a Sra. Underwood outros detalhes, não insistirei neste tanto como em outros fatos. Poder-se-á dizer que outro invisível, que não fôsse a esposa morta, escreveu a comunicação; mas, assim mesmo, não podia ser um malévolo; porque, se o fôsse, não viria trazer a esse angustiado viúvo o consolo da sobrevivência da idolatrada esposa.

Eis outro caso, também importante:

Há alguns anos, vítima de uma moléstia interna, eu desejava obter um diagnóstico exato sobre o meu mal. Escrevi, pois, ao administrador de *Light,* juntando à minha carta uma madeixa de cabelos, que foi entregue a uma senhora *psicômetra* de Londres, que não me conhecia, nem sequer sabia o meu nome, e para mim ela se achava nas mesmas condições. Pouco tempo depois, recebi uma carta descrevendo exatamente a minha enfermidade, e grande foi a minha surpresa ao ler nas últimas linhas: "Enquanto escrevo, vejo diante de mim uma forma que acompanha atentamente o que escrevo, e que por isso muito parece interessar-se. "Seguia-se uma *descrição bastante minuciosa* da dita forma, pela qual reconheci meu pai, já falecido, com todos os característicos da sua pessoa, e mesmo do seu vestuário. Dois pontos, entretanto, não me pareceram exatos: é que a forma — dizia a senhora — tinha a barba cerrada, e meu pai sempre usara suíças, e mais — trazia um anel no dedo mínimo.

Pensando bem nessas duas particularidades,

lembrei-me de que, seis meses mais ou menos, antes da sua morte, meu pai, bastante enfermo, não mais se lembrara de barbeiros e deixara crescer toda a barba, e bem assim que durante muitos anos usara um anel no dedo mínimo.

Sinto não haver então enviado a essa senhora um retrato de meu pai; certamente que o teria reconhecido, pois era vidente. Não posso, por esse motivo, dar outras provas de identidade além das supracitadas; entretanto, não deixa de ser um fato bastante curioso, para atrair nossa atenção.

Além de não nos conhecermos absolutamente um ao outro, não podia haver telepatia entre mim e essa senhora, tanto mais que eu não lhe havia pedido *esclarecimentos sobre meu pai,* e apenas um simples diagnóstico da minha enfermidade.

Com que fim, pois, um outro Espírito tomaria a forma de meu pai diante dessa senhora? Não há razão lógica que explique tal visão, porém que, ao contrário, se explica muito naturalmente pelo interesse de um pai ansioso para ver qualquer melhora nos sofrimentos do filho, pois nesse tempo estava eu bastante afetado tanto no físico quanto no moral.

Quanto à ideia de um demônio a fazer tudo isso, parece-me tão ridícula, que só a acreditaria servindo-me do adágio — *Credo quia absurdum!*

O Sr. Gaston Méry acha que a explicação católica dos fenômenos é a única satisfatória; eu a considero em muitos casos absolutamente insuficiente e contrária aos fatos que estabelecem a identidade, como se fôsse formada por um magistrado ou perante os tribunais.

Muito fácil ainda me seria citar centenas de casos semelhantes aos que tenho narrado; mas isso tomaria muito tempo e exigiria pesquisas em todos os documentos que procurei para o meu livro. Entretanto, não insistirei nunca em demasia sobre o ponto de que — salvo casos muito raros — são sempre parentes ou amigos que nos trazem as mais convincentes provas da sua identidade e sobrevivência, coisa aliás muito natural, porque ninguém mais do que eles se interessam por nós.

Quanto aos outros invisíveis que mentem, que se divertem conosco, que dizem coisas insensatas, que nos enganam, o remédio é não atraí-los, e, se mesmo contra a nossa vontade eles vêm, devemos repeli-los. Se em nosso mundo, tratando com mentirosos, enganadores, frívolos e pessoas perigosas, é necessária grande dose de perspicácia para manter relações com eles, observemos o mesmo com os invisíveis.

O Sr. Gaston Méry diz que a tese espírita só se apóia em casos isolados para explicar inumeráveis fatos, e que o verdadeiro espiritismo científico consiste em concluir não do particular para o geral, mas sim do geral para o particular.

Ora, se esses casos de identidade fôssem a exceção, poder-se-ia dizer que a exceção confirmava a regra; mas estou absolutamente convencido de que estes casos *não são isolados nem excepcionais.*

Além dos muitos casos de identidade que conheço, se se pudesse abrir inquérito em todos os países, achar-se-iam, estou certo, muitos outros, dados por parentes e amigos. Na China, por exemplo, há o culto dos antepassados; a Índia é a terra clássica dos fenômenos psíquicos; finalmente, em todos os povos se descobririam traços do mesmo gênero.

As pesquisas e os estudos psíquicos provêm de uma data tão recente que o nosso repositório de documentos ainda não pode ser bastante considerável; mas, do modo por que caminham estes estudos, não está longe o dia em que por toda a parte os perscrutem, como já o fêz a *Society for Psychical Researches,* de Londres.

Queixava-se o Sr. Méry de que o abade Petit não citara as provas de identidade que Maria Stuart fornecera a ele e a Lady Caithness, e efetivamente devia tê-lo feito; mas, desta vez, creio que não se queixará dos inúmeros fatos produzidos por mim nem das provas positivas que os acompanham. A um *desencarnado* não se pode pedir mais provas de identidade do que as que se obtêm de um *encarnado,* de quem se quisesse verificar a identidade.

Para este estudo, como para o meu livro, segui o mesmo método, isto é, afastei, sem hesitar, todos os fatos que não me pareceram bastante convincentes.

Naturalmente, a constatação destes fatos constrangerá os ultra-católicos, que só enxergam pelo prisma dos dogmas; mas há já alguns séculos que a Igreja tem sido forçada várias vezes a modificá-lo nos pontos menos sólidos, e o mesmo fará ainda em relação aos fatos psíquicos, acabando por achar outra explicação nas comunicações *post mortem,* que serão sempre cada vez mais indiscutíveis.

Os invisíveis têm sido catalogados pela Igreja de um modo arbitrário; porquanto, se há bons e maus anjos, há também no *Além* escalas de seres diferentes uns dos outros, como se vê sobre a Terra, em toda a Natureza, e como deve por certo haver em todos os planetas. Nenhuma planta, nenhum animal, nenhum ser humano se parece *inteira e absolutamente* com outro, pois a diversidade é a lei da Natureza.

Desejo vivamente que em dado tempo os sábios psíquicos e os teólogos possam encontrar um terreno firme em que a explicação demoníaca sòmente seja considerada exceção, e não regra.

Talvez que o próximo século nos reserve esta surpresa.

Eis ainda um caso notável de identidade, que tomo emprestado ao *Light.* E' contado pelo Sr. Thurstan, amigo e colaborador desse jornal inglês, em uma conferência que fêz ùltimamente.

Certa dama de seu conhecimento contou-lhe que tivera a ideia de consultar um médium, o Sr. Mathews, que ficou logo em *transe* (letargia psíquica) e lhe disse que ela era viúva e que seu finado esposo — *que descreveu com toda a exatidão* — desejava escrever-lhe por sua própria mão uma carta a respeito de negócios.

Essa senhora, acrescenta o Sr. Thurstan, mostrou-me a dita carta e perguntou-me se devia seguir o conselho que ele encerrava...

A carta estava concebida nos seguintes termos:

"*Querida Kitty* — Ùltimamente tens estado em certos lugares que eu não aprovo. Para te dar uma prova de que velo por ti, como outrora, aconselho-te a que não tomes a casa que tanto desejas, porque tua saúde aí muito sofrerá. Não te preocupes *com a dívida de* 400 *libras*. Pede a Ward para tentar liquidá-la, e, se não puder, eu mesmo procurarei impedir que percas teu dinheiro. — Teu esposo bem-amado, *Charles Frederic P.*".

Essa senhora, continua o Sr. Thurstan, explicou-me que seu marido tinha horror ao jogo, fôsse qual fôsse, mas que ùltimamente jogara e perdera, em Monte Carlo; que, na sua volta a Londres, assinara uma obrigação preliminar dando como garantia uma casa que possuía em Hans-Place; que a dívida era cerca de 400 libras esterlinas; que o seu solicitador chama-se *Ward*, e que o diminutivo de *Kitty* no começo da carta era como o marido a chamava, quando lhe escrevia; e que a assinatura era mesmo a dele, não tinha a menor dúvida.

Essa senhora não conhecia absolutamente o médium, e foi por simples capricho que concebeu a ideia de ir ter com ele. Por seu lado, o médium também não a conhecia, nem seu nome, nem sua vida.

O Sr. Thurstan, que nessa época não era ainda espiritualista, disse a essa senhora que talvez fôsse um caso de leitura de pensamento ou clarividência, ao que ela protestou dizendo que tudo quanto a carta narrava era a mais pura verdade e que, em vista de ela conter uma promessa, esperaria pela sua realização.

Esquecia-se o Sr. Thurstan que, por meio da clarividência, um médium não podia reproduzir a caligrafia exata de um morto. Combinou, porém, com a senhora que ela seguiria estritamente o conselho dado, esperando ambos o resultado.

"Interessou-me tanto, diz o Sr. Thurstan, que fui com essa senhora à casa do médium, que desta vez lhe falou, na língua indu, de um velho criado que ela tivera quando na Índia, onde seu marido residira por muito tempo, como oficial."

De novo, o marido dessa senhora se apresentou contando fatos só conhecidos por ambos, porém — o que é muito mais importante — informou-a de que o credor não chegaria a incomodá-la com o negócio da casa de Hans-Place, e que ele, marido, ia encaminhar para ela, em *tal dia e às tantas horas,* uma pessoa que, não só pagaria a dívida, como ainda lhe daria um lucro de cem libras.

Era este um fato bem definido, não podendo provir nem da clarividência nem da leitura do pensamento; esperaram, portanto, com grande atenção, o dia fixado.

Além destas provas de identidade, o finado marido deu à viúva o seguinte curioso apontamento: — um de seus amigos, que vivia em Simla, ia chegar *dentro de três dias,* e que a tais horas — que designou com precisão — ela se dirigisse à casa de fulano, em Londres, pois aí o encontraria.

Seguindo este conselho, tudo se realizou sem discrepância, e — o que é ainda mais extraordinário — a viúva recebera antes, da parte desse amigo, uma carta anunciando que ele não viria à Inglaterra, por ter de seguir para Cachemira. À vista disso, a senhora não contava absolutamente que ele viesse...

Voltemos ao fato principal.

Tendo chegado o *famoso dia indicado pelo marido,* e não tendo ela podido desembaraçar-se do compromisso, veio o agente de locação, justamente nesse dia, reclamar — *desde pela manhã* — o pagamento das 400 libras esterlinas ou um título de garantia. A pobre senhora riu-se ìntimamente dos médiuns e de suas profecias, mas — coisa estranha — ao cair da tarde, o mesmo agente voltou dizendo que, ao entrar no seu escritório, aí encontrara um homem que lhe exprimira forte desejo de comprar uma casa em Hans-Place, e, como a *única que aí estava vazia* era a sua, vinha saber se, pondo de parte a ideia de continuar com a sua posse, a senhora queria ficar dela desembaraçada.

A viúva respondeu que só a venderia pela importância do título de garantia já dado, e mais 400 libras em dinheiro.

Duas horas depois recebia ela um telegrama anunciando que o *tal senhor aceitava o preço.*

O Sr. Thustan confessa que este fato o convenceu das relações entre os encarnados e os desencarnados e, ainda mais, tendo seguido e acompanhado a mediunidade do Sr. Mathews durante muitas semanas, achou-o muito honesto, sendo certo que nada conhecia da Índia nem do Hindostão, apesar de ter, em estado de transe, falado à senhora no idioma indu, como vimos acima.

Este caso é dos mais frisantes, pois teria sido impossível a qualquer médium prever e predizer os fatos tão íntimos que acabo de narrar. Só um invisível desencarnado, e interessando-se muito por essa senhora, podia agir de modo tão preciso, e, lògicamente, acho muito natural que tivesse sido o marido da senhora, sempre afetuoso, que assim lhe tenha dado provas tão incontestáveis da sua sobrevivência, da sua outra morada.

Pode-se mesmo perguntar se não foi o marido desencarnado que, sabendo que aquele indivíduo desejava possuir uma casa em Hans-Place, sugeriu-lhe a ideia de ir entender-se com o agente de sua esposa, para provar à mesma que, embora separado da vida material, ainda se interessava pela sua sorte?

Ora, se esse homem e essa senhora se desconheciam mùtuamente, era inadmissível a telepatia entre seus cérebros. Foi, então, mesmo da outra vida, que partiu a promessa e a sua realização, visto não poder vir senão de alguém que estimasse aquela senhora.

Não se deve também esquecer que o marido dela foi *visto* pelo médium (em estado de transe), que a sua descrição foi reconhecida como verdadeira pela viúva, e que, além disso, o Sr.Thurstan é um homem sobre cuja boa fé se pode contar cegamente. Eis um último caso tirado de *Light*. Apesar de ser menos característico que o outro, parece digno de atenção:

Um correspondente desse jornal fêz várias experiências com um médium chamado Coates, e cita uma comunicação de seu pai, dando conselhos a respeito do seu *negócio de máquinas,* conselhos aliás excelentes.

Deu a descrição do aposento onde faleceu e de um hábito ou mania toda particular. O mais curioso, é que certo dia, *na ausência do filho*, o médium Coates viu um Espírito, ao qual primeiramente tomou por um chim velho, porém que, pela descrição, o correspondente reconheceu logo ser seu próprio pai que, na vida íntima, costumava vestir-se de modo que alguns amigos seus muitas vezes lhe diziam rindo: "Tens ares de um chim velho".

A mãe do mesmo correspondente deu-lhe, por intermédio de Coates, um esclarecimento bem precioso. Declarou em comunicação que seu irmão mais velho E... ia ser vítima de um acidente que se daria no *yacht* de A... e por três vezes disse: "Que A... venda o *yacht* e tome outro rumo..."

A... era um irmão do correspondente de *Light,* bastante céptico; este, portanto, não se animou a falar-lhe; mas uma pessoa conhecida dos dois irmãos A... e E... a isto se decidiu e, fazendo-o, sem dúvida os impressionou, pois A... resolveu vender o *yacht.* Oito dias após a venda, grande desastre se deu na embarcação, da qual uma parte da máquina rebentou; e E... que, quando a bordo do *yacht* contìnuamente ia ver como funcionava a máquina, podia ter perecido com a explosão.

A partir desse dia, *outros acidentes preditos como devendo dar-se no yacht, cumpriram-se à risca.*

Havia, portanto, grave perigo para todos os que se achavam a bordo.

Daí se conclui que os desencarnados têm certo conhecimento do futuro, porém não o podem transmitir senão em certos e determinados casos em que Deus consente, na sua infinita bondade, que um pai, uma mãe, um amigo, venha dar aviso.

Infeliz de vós, se desdenhardes do aviso, como já vimos no caso do duque de Buckingham.

Em todos os casos narrados pelo *Light,* as iniciais são conhecidas do seu diretor; não se suponha, portanto, serem nomes fantásticos.

Para estes dois casos, a teoria demoníaca não é menos sustentável que para os outros, pois a lógica a isso se opõe. Os demônios não podem fazer o bem; ao contrário, como só praticariam o mal, não poderiam ocupar-se com aquilo donde resultam benefícios para os homens.

Agindo como agiram, esse marido, esse pai, essa mãe, puderam não só dar bons conselhos, como ainda prevenir contra perigos com que a fatalidade os ameaçava.

Um ocultista disse que "o homem era uma vontade em luta com um destino", frase de profunda verdade, que esclarece muitos casos inexplicáveis.

Esses avisos, essas advertências tão características, têm algo de tocante, de consolador, e provam que aqueles que nos amaram pensam sempre em nós e se interessam pelas nossas ocupações como pelas nossas provações terrestres, e que, além disso, fazem todo o possível — quando Deus o permite — para provar que sobrevivem à morte do corpo.

APÊNDICE

Já estava terminado este artigo, quando recebi do Sr. A. Bouvier a narração de um fato pessoal dos mais interessantes, o qual me apresso em acrescentar aos já citados.

Em 31 de Dezembro 1895, o Sr. Bouvier, indo à casa da Sra. Gubian encontrou aí uma pessoa inteiramente desconhecida, em quem sùbitamente se manifestou a mediunidade vidente, e que lhe disse: "Vossa mãe está perto de vós", o que muito admirou o Sr. Bouvier, tanto mais que por vários médiuns já havia tentado muitas vezes entrar em comunicação com sua mãe, sem o conseguir.

Para se firmar na realidade da visão, pediu à senhora os sinais do Espírito presente, e os sinais dados eram exatíssimos, com os detalhes característicos da cegueira da desencarnada, que trazia no nariz os traços de uma cicatriz em diagonal, resultante de uma queda que dera em vida.

Perguntou o Sr. Bouvier: "Porque vem hoje, *justamente quando não pensava nela,* tendo-a eu tantas vezes evocado inùtilmente?" Ao que a médium respondeu: "E' para provar que ela cuida de vós e deseja principalmente curar-vos do vosso sofrimento de estômago." "Caindo logo depois em estado sonambúlico, ergueu-se da cadeira e caminhou para o Sr. Bouvier impondo sua mão direita sobre a cavidade do estômago, e disse, com a voz reconhe-

8

cidamente da senhora morta: "Sou feliz, meu filho, por Deus permitir-me curar-te. Lembra-te de que velo por ti, e que, apesar de não me ter manifestado segundo os teus desejos, não participo menos das tuas alegrias que dos teus pesares."

A conversação ainda continuou por algum tempo, e, tendo-lhe perguntado o Sr. Bouvier qual o nome batismal de sua mãe, respondeu — *Avelina,* nome inteiramente desconhecido de todas as pessoas presentes, e no qual nem mesmo o Sr. Bouvier pensava, pois esperava da médium, como resposta, *Maria Rosa,* que era o nome com o qual sua mãe fora inscrita na *mairie. Avelina* era um nome de adoção, que sempre se empregava no seio da família.

O Sr. Bouvier considera este caso como de indiscutível identidade, pois sua mãe morrera cega e tinha uma cicatriz em diagonal sobre o nariz, resultante de uma queda.

Estes três detalhes particulares, dirão certos críticos, podiam ter sido tirados pela médium do cérebro do Sr. Bouvier; mas, o que destrói esta objeção é que a médium fêz uma completa descrição da mãe do seu interlocutor, que ela *via distintamente* ao seu lado. Portanto, a vidente viu realmente a mãe do Sr. Bouvier, e não há razão alguma para se supor que tenha inventado toda esta história, porque nem a médium nem o Sr. Bouvier se tinham visto anteriormente a essa sessão, à qual este fora assistir na casa da Sra. Gubian, sem pensar absolutamente na autora dos seus dias.

A partir dessa data, 31 de Dezembro 1895, os sofrimentos do estômago, que ele suportava havia dez anos, desapareceram inteiramente.

Ainda há quem diga que foi a médium que curou o Sr. Bouvier; mas, como cada médium tem determinadas aptidões mediúnicas, parece-me isto inadmissível. Ora, nos meus numerosos estudos ou pesquisas psíquicas, nenhum caso encontrei de médium vidente com aptidões curadoras. Conheço na

Inglaterra dois grandes médiuns videntes, e nenhum dos dois tem a mediunidade curadora.

Como exceção, porém, certos médiuns podem produzir vários fenômenos, mas não têm pròpriamente o dom de curar. Insisto sobre este ponto, por ser muito importante para elucidar o caso; e, a propósito de que o médium de quem acima falámos pudesse ter falado com a voz da Sra Bouvier, é tanto mais inadmissível quanto em estado de *transe*, isto é, em letargia mediúnica, estava inconsciente e sob a influência de um Espírito.

Quanto a se supor que não tenha sido a Sra. Bouvier, mas sim outro invisível, que tenha vindo representar esta comédia, seria um monstruoso absurdo, porquanto os Espíritos malévolos não têm poder, nem sequer desejo de praticar o bem. Seria isso contrário à lógica, mesmo porque um Espírito mau não pensa senão em praticar o mal, que é o seu único fim, a sua razão de ser.

FIM

Este livro foi impresso
no Departamento Gráfico da
FEDERAÇÃO ESPÍRITA BRASILEIRA
na cidade do Rio de Janeiro
em dezembro de 2006.

www.febrasil.org.br